*Le doy la más grata y cordial bienvenida al nuevo libro
del buen colega y amigo, Vladimir Lugo: CIBERMADUREZ.
Se trata de una obra que explora el tema de la madurez cibernética, que
no está cautiva en el mundo de la tecnología, pues irrumpe con sabiduría y
pertinencia en los ámbitos del crecimiento personal, profesional y
ministerial.*

*Este singular libro relaciona el mundo cibernético con el desarrollo
emocional, espiritual y tecnológico. Lugo, en efecto, tiene la capacidad de
explorar y analizar el importante tema de las virtudes de la tecnología al
servicio de un ministerio pertinente y maduro. Ese tipo de crecimiento
adecuado y necesario, se fundamenta, de acuerdo a nuestro autor, en la
asimilación de valores teológicos de importancia, la madurez personal y
profesional, y la comprensión de los desafíos ministeriales que se
manifiestan en la sociedad contemporánea.*

*Recomiendo la lectura de este importante libro del colega Vladimir, por ser
una aportación inteligente y relevante al ministerio tecnológico
contemporáneo, y por estar fundamentada en un análisis teológico acertado
e inteligente. Es un libro para ministros y laicos, y también para personas
con diversos niveles de desarrollo y madurez tecnológica y espiritual.*

*Felicito a Vladimir por compartir con nosotros esta magnífica obra, que
irrumpe tanto en el mundo de la tecnología como en el de la teología.*

Dr. Samuel Pagán
Decano de programas hispanos
Centro de Estudios Bíblicos en Jerusalén
Jerusalén, Israel y Lakeland, Florida

¡Vladimir Lugo lo ha logrado!
Nos ha dado una valiosa herramienta que sirve como puente entre la iglesia del siglo 20 y la iglesia del siglo 21. Es tiempo que utilizemos todos lo que esta en nuestro alcance para expandir el Reino de Dios.

CIBERMADUREZ es la primera herramienta, espero que de muchas, que nos ofrece un proceso claro, sencillo y teológicamente afinado para acercarnos a la tecnología con madurez e integridad. Este recurso trascenderá por generaciones como el iniciador de un movimiento eclesiástico para un nuevo evangelismo y discipulado utilizando la tecnología de todos los días para darle valor eterno a quienes tanto lo necesitan. ¡Adelante, a madurar!

Rev. Carlos A. Velez
Orador International, plantador de iglesias y Pastor Titular
Alianza Cristiana y Misionera
Charlotte, Carolina del Norte

Realmente te felicito, es un gran trabajo y un buen inicio para la experiencia de seguir creando. Como lector lo sufrí y lo gocé. Hay términos con los cuales no estoy familiarizado, lo cual me desafía y eso es un buen punto a favor del libro. En la medida que avanzaba me gustaba más, especialmente cuando aplicas criterios bíblicos en medio de criterios tecnológicos. No se cómo las personas irán a digerirlo o si lo van a considerar aplicable ahora mismo, pero eso no es un defecto, sino más bien un llamado de atención para quienes hacemos ministerio para conectarnos más a la realidad que nos circunda.

Harold Caicedo
Ministro de la Palabra y Pastor Titular
Igleisa Cristiana Reformada de Norte América
Fontana, California

CIBERMADUREZ

VLADIMIR LUGO

CIBERMADUREZ

7 PASOS PARA QUE LAS
TECNOLOGÍAS MINISTERIALES
DEN MUCHO FRUTO

SERIE: CIBERMINISTERIO **2**

A menos que se exprese lo contrario, todas las citas de La Santa Biblia han sido usadas con permiso de la Nueva Versión Internacional® NVI®, Copyright © 1999 por Bíblica, Inc.®

En ocasiones, algunas citas de La Santa Biblia han sido usadas con permiso de la versión Reina-Valera© 1960 (RVR1960) por Sociedades Bíblicas en América Latina© renovado 1988 Sociedades Bíblicas Unidas. Reina-Valera 1960™ es una marca registrada de American Bible Society.

Todas las referencias bíblicas han sido tomadas de la versión digital con permiso de Bible Gateway, HarperCollins Christian Publishing, www.biblegateway.com.

CIBERMADUREZ

7 Pasos para que las tecnologías ministeriales den mucho fruto

© 2016 Vladimir Lugo
vladimir@vladimirlugo.com
www.vladimirlugo.com

Todos los Derechos Reservados. Se prohíbe la reproducción parcial o total del contenido de este libro sin el permiso expreso de su autor.

Publicado en los Estados Unidos de Norteamérica
por Tecnites Media, Inc., Silicon Beach, California

ISBN-13 Impreso: 978-0-9973369-3-1
ISBN-13 Electrónico: 978-0-9973369-4-8
ISBN-13 Audio: 978-0-9973369-5-5

Library of Congress Control Number: 2016902999

Otros recursos por Vladimir Lugo

De mi escritorio al tuyo
Recibe los artículos donde exploro el tema del uso de la tecnología en el ministerio y recibe notificaciones acerca de nuevas publicaciones, conferencias, y seminarios en la comodidad de tu correo electrónico. Visita http://www.vladimirlugo.com.

#tecnologiasministeriales | #cibermadurez

Sígueme **@vladimirlugomt** y únete a la conversación en las redes sociales.

DEDICATORIA

Para mis tres mujeres.

*Si no fuese por ustedes, sería
la envidia de Peter Pan.*

*Comienza a manifestarse
la madurez cuando sentimos
que nuestra preocupación es
mayor por los demás que
por nosotros mismos.*

- ALBERT EINSTEIN

TABLA DE FIGURAS

TABLA DE CONTENIDO

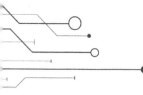

PREFACIO

El que sabe nadar puede sacar perlas de las
profundidades del mar; el que no, se ahogaría.
Por eso únicamente deben correr el riesgo las
personas que poseen la instrucción adecuada.

— MAIMÓNIDES, TEÓLOGO JUDEO-ANDALUZ.

L
a era digital es una época de grandes retos y oportunidades para la Iglesia. Sin embargo, pocos pensadores cristianos se han dado a la tarea de ayudarla a navegar las aguas tempestuosas de la tecnología contemporánea, dejándola a la deriva.

La mayoría de los líderes eclesiásticos han sido entrenados en el estudio de la Biblia, de la teología y de la pastoral pero no en asuntos de tecnología, y poco a poco se han ido rezagando, corriendo el riesgo de quedar como capitanes del pasado, incapaces de ofrecer respuesta al mundo de hoy. Esto tiene que cambiar.

Si eres un líder cristiano y experimentas el agobio, la incertidumbre y el temor cuando piensas en utilizar la tecnología en tu ministerio, este libro es para ti. En sus páginas adquirirás el compás y crecerás en conocimiento para dirigir la barca de tu ministerio al puerto seguro de tu visión; para sacar las perlas escondidas en las profundidades de las tecnologías ministeriales.

Podrás entender la tecnología en cada una de sus siete etapas de madurez al tiempo que obtendrás las herramientas necesarias para evaluar tu propio estado tecnológico y corregir tu curso afirmado con bases teológicas bíblicas.

¿Por qué escribí este libro?

Cibermadurez es el único manual existente sobre la madurez de la tecnología en la pastoral y el ministerio cristiano. No tiene comparación ni precedente con ningún otro trabajo en el tema. Viene a llenar un vacío en la literatura cristiana sobre el uso de la tecnología en el ministerio, acuñando una nueva categoría de referencia: tecnologías ministeriales.

Cibermadurez es el segundo volumen de la serie *Ciberministerio*, la cual estudia las tecnologías ministeriales desde varios ángulos. Cada libro explora una dimensión diferente de la tecnología en misión. Este libro no te dará los detalles técnicos de la implementación o el desarrollo tecnológico, para eso, necesitarás los otros libros de la serie, pero sí te ayudará a ganar una visión panorámica de la tecnología.

Los conceptos de este libro han madurado de una serie de conferencias sobre el tema que compartí en el 2015 durante: Lidervisión y el Foro Nacional de Liderazgo Juvenil, de Editorial Vida y Especialidades Juveniles, respectivamente.

Aunque no hay modelos existentes de madurez para el uso de la tecnología en el ministerio, el sólo colocar estas palabras ("madurez" y "tecnología") en la misma frase causa una especie de conexión en la mente de los líderes cristianos con quienes he compartido el tema. Tiene un sentido automático. Una tecnología ministerial madura es mucho más efectiva, crea mayor impacto, y es más fácil de administrar que una tecnología inmadura. Espero que este libro también cree muchas conexiones en tu forma de pensar y de dirigir el uso de la tecnología en tu ministerio.

A quienes va dirigido este libro

El libro está dirigido a los líderes y obreros cristianos que necesitan tomar el timón de sus iniciativas y programas tecnológicos.

Pastores

Quienes desean edificar un ministerio sólido y pertinente a los tiempos que vivimos hoy. Los pastores principales, los pastores administrativos y los pastores de diversos ministerios podrán compartir un vocabulario común y formar una fuerza innovadora.

Directores denominacionales

Quienes tienen la dura tarea de dirigir a los pastores y de establecer políticas y procedimientos que conducen al resto de su grey. Los directores regionales y nacionales, de los centros eclesiásticos y asociaciones pastorales, todos podrán adquirir un conocimiento estratégico del alcance de la tecnología en el ministerio.

Educadores cristianos

Quienes están involucrados en la formación teológica y ministerial de nuestros líderes y sientan las bases de nuestra manera de pensar. Los profesores de seminarios teológicos y universidades, maestros de escuelas académicas y estudios bíblicos, podrán llevar de la mano a sus estudiantes hacia la madurez tecnológica.

Líderes

Quienes realizan semana tras semana las labores del ministerio práctico. El director de adoración y los músicos, quienes trabajan en el sonido o en producción de medios, el encargado de evangelismo, el misionero, el cuerpo de consejeros y los trabajadores sociales, los facilitadores y los anfitriones de grupos pequeños, el personal administrativo y gerencial, podrán encontrar consejos prácticos para ser más efectivos en su trabajo ministerial.

Todo cristiano

Quienes hemos recibido un modelo de madurez en la persona de Jesucristo y hemos sido llamados a la Gran Comisión. Antes de que la madurez aplique a la tecnología aplica al individuo. Muchos consejos en este libro tienen aplicación no sólo a la tecnología en el ministerio sino en distintas esferas de la vida.

Cibermadurez va dirigido a todos aquellos en posiciones de liderazgo en organizaciones cristianas de diversa índole, ya sea en iglesias, organizaciones misioneras y paraeclesiásticas, instituciones educativas o fundaciones de servicio comunitario, en las cuales se quiera hacer el mejor uso de la tecnología en el ejercicio de sus funciones.

Cómo utilizar este libro

Cibermadurez tiene varias dimensiones:

1. **Una dimensión bíblica y teológica**, para que puedas destilar principios y desarrollar prácticas avaladas por la palabra de Dios. Esta dimensión le permitirá a los miembros de tu equipo ministerial retomar la confianza necesaria para avanzar en el desarrollo de la misión.

2. **Una dimensión teórica**, que te ayudará a poner a la madurez tecnológica en perspectiva de los conceptos existentes en la industria de la información y crear un marco de referencia para pensar y aprender a dirigir tus proyectos tecnológicos.

3. **Una dimensión práctica**, para que puedas tomar las evaluaciones y los ejercicios contenidos en este libro, junto con las preguntas para la discusión, y los puedas aplicar sin demora de tiempo al uso que ya le das a la tecnología.

4. **Una dimensión humana**, porque con frecuencia se nos olvida el papel que la gente juega en asuntos de tecnología y, como acostumbro decir, la tecnología es por las personas y para las personas. En esto la tecnología se identifica con la misión de la Iglesia.

Cibermadurez consta de diez capítulos que construyen los conceptos de madurez tecnológica de forma progresiva, partiendo de su definición y su fundamento bíblico hasta considerar la necesidad de aplicación concreta al contexto específico de tu ministerio. Por esta razón te recomiendo que los leas en la secuencia presentada.

Luego encontrarás cinco apéndices que contienen tres exámenes para evaluar la madurez tecnológica en tu ministerio, una serie de preguntas seccionadas por capítulo para estimular la discusión en grupo y una guía para evaluar a quienes desean trabajar en las tecnologías de tu ministerio.

Te invito a conectar conmigo de manera personal. Para ello encontrarás mi información de contacto en la sección: **Acerca del autor**. También te podrás unir al grupo de discusión del libro en Goodreads (http://www.goodreads.com/vladimirlugomt) y seguirme en las distintas redes sociales con el identificador @vladimirlugomt.

Además, me gustaría conocer tu opinión acerca del libro. Durante mis años en el seminario aprendí que todo libro es una conversación. Esta es pues mi invitación para que hablemos de este tema tan relevante y necesario. Por favor, al terminar tu lectura, deja tu comentario sobre el libro en la página de Amazon. Tu apreciación honesta y tu retroalimentación me pueden ayudar a ayudarte mejor.

Con grandes expectativas, tu servidor,

Vladimir Lugo
Los Ángeles, California
Junio 2016.

CIBERMADUREZ

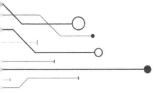

INTRODUCCIÓN

Que todos los niños, excepto uno, crezcan.
— J.M. BARRIE, PETER PAN.

Ese día estaba frustrado. Mi hija mayor había entrado a la adolescencia y comenzaba a pelear lo que me gusta llamar su "guerra de independencia." Todo hombre y toda mujer ha peleado esta guerra. Llamé a un amigo y aunque no lo llamé para hablarle de esto, fue casi inevitable. Me escuchó con paciencia por varios minutos ininterrumpidos. Entonces me dio la siguiente cápsula de sabiduría: "Ellos van a crecer la pregunta es si tú vas a crecer."

Crecer o no crecer, he aquí el dilema. El autor escocés Sir James M. Barrie tuvo la extraña oportunidad de definir la sicología de esta generación. Sin saberlo, su obra de teatro infantil *Peter Pan, el niño que no quería crecer*, se convirtió en el drama escrito en el tablado de esta sociedad que exalta la juventud como ideal y que esquiva los retos de la vida adulta.

Resistirse a madurar es simpático como historia de ficción. Pero deja de ser gracioso cuando se trata de personas u organizaciones reales. Ningún pastor le pondría por nombre a su iglesia, *Iglesia Peter Pan*. Ningún cristiano se sentiría orgulloso de decir, yo asisto a la iglesia de la *Inmanente Inmadurez*.

Esto aplica también a las tecnologías ministeriales. Estamos obligados a crecer en nuestros programas de tecnología.

A lo largo de mi experiencia como profesional de la informática y ministro de vocación, he visto muchos programas de implementación de tecnología en iglesias y organizaciones cristianas que comienzan con buenas intenciones, sólo para terminar en la frustración de falsas expectativas y promesas incumplidas.

Una tecnología inmadura despilfarrará tus recursos; costará más mantenerla a la larga; o te hará perder oportunidades preciosas.

Una tecnología madura comenzará con el fin en mente, hará un cálculo anticipado de la inversión, trazará metas reales, identificará el fruto deseado y sabrá cuando lo haya alcanzado. En otras palabras, hará un balance entre costos y resultados para saber si se puede completar y si vale la pena.

Jesucristo expresó esto cuando dijo:

> Porque ¿quién de vosotros, queriendo edificar una torre, no se sienta primero y calcula los gastos, a ver si tiene lo que necesita para acabarla? No sea que después que haya puesto el cimiento, y no pueda acabarla, todos los que lo vean comiencen a hacer burla de él, diciendo: Este hombre comenzó a edificar, y no pudo acabar (Lucas 14:28-30)

Una tecnología inmadura está incompleta, te dejará a mitad de camino y te puede convertir en un hazmerreir. Lo peor es que no podrás ni siquiera reconocer que estás a mitad de camino. Con una tecnología madura podrás dar mucho fruto; fruto que podrás contar y compartir para que otros lo cuenten y lo compartan.

Una tecnología inmadura no piensa en modelos de sostenimiento o el impacto sobre la cultura organizacional. Sólo toma en cuenta lo que se necesita para salir al aire. Mientras que una tecnología madura considera el soporte técnico, el mantenimiento y el entrenamiento, los cuales son vitales para que los cambios se arraiguen y se reflejen en la comunidad.

Por ejemplo, no basta con tener un programa de televisión, si usas producción de segunda, la baja calidad del programa te hará perder audiencia, tu oportunidad de alcance se desvanecerá, tus costos se irán acumulando y perderás mucho tiempo. Pero si tienes la madurez en mente, la producción y la programación serán de primera calidad, ganará audiencia, abrirá puertas, atraerá patrocinio y tendrá la influencia que esperabas.

El gran desafío es pues alcanzar la madurez de la tecnología en el ministerio. Para ello, necesitamos un mapa de madurez. Sólo con un mapa de madurez apropiado conseguiremos que las tecnologías ministeriales den resultado.

A pesar de que existen varios modelos de madurez tecnológica en la industria de la informática y de la administración empresarial, los líderes de organizaciones cristianas por lo general no conocen el tema.

La respuesta más inmediata que recibo cuando menciono juntas las palabras "madurez" y "tecnología" es de asombro y cuestionamiento. Toma a cualquier persona sazonada (madura) en asuntos de tecnología y estará familiarizada con el concepto de madurez tecnológica. Toma a uno de nuestros líderes cristianos y demostrará confusión.

> *Sólo con un mapa de madurez apropiado conseguiremos que las tecnologías ministeriales den resultado.*

Como podrás ver en el modelo que presento en las páginas subsiguientes, salir de esa ignorancia es el primer paso hacia la madurez.

En este libro podrás descubrir la necesidad de madurez que tienen tus programas de tecnologías ministeriales. También conocerás un modelo de madurez de tecnologías ministeriales, probablemente el primero y único hasta la fecha, y podrás utilizar este modelo para evaluar de forma práctica tus propias iniciativas y programas tecnológicos.

Mi objetivo no es ofrecer todas las respuestas respecto al tema, pero si tratar de darle un marco de referencia a las preguntas y proveer un lenguaje y un modelo para ayudarte a entender la tecnología con ojos ministeriales.

Si queremos dar mucho fruto con nuestros programas de tecnologías ministeriales, necesitamos no sólo entender la necesidad de madurar sino tener un modelo claro de madurez que nos permita evaluar nuestro estado actual y tomar acciones para crecer. Ningún programa de tecnologías ministeriales crecerá por sí mismo.

Si no tenemos una visión clara del futuro que queremos construir; si no somos intencionales en el desarrollo tecnológico; y si no planificamos el nivel de madurez que queremos alcanzar, nos espera un destino incierto.

Si procuramos evitar el despilfarro de nuestros recursos, si no queremos perder horas de sueño, y si deseamos que nuestros líderes, siervos y voluntarios nos acompañen en una larga travesía ministerial, necesitamos madurar.

Por eso te invito a madurar.

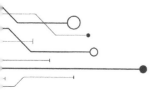

LA MADUREZ

*No temas avanzar con lentitud; sólo teme
quedarte donde estás.*

– PROVERBIO CHINO.

*La persona que entiende el mal que hay en su
propio corazón es la única persona útil,
fructífera y sólida en sus valores y obediencia.*

– JOHN OWEN.

Fue un día de trabajo extenuante. Estaba enfocado en las labores de desmantelar, cargar el camión y dejar todo en relativo orden para los nuevos dueños. Nada fuera de lo extraordinario, pero agotador. Si te ha tocado mudarte de un lugar a otro, sabes de qué te hablo.

Desocupábamos la casa donde crecieron nuestras dos hijas. Fue una decisión difícil porque estábamos encariñados con el lugar pero ya no había marcha atrás. Habíamos tomado la decisión de vender, nos despegamos emocionalmente y buscamos nuevos horizontes planeando la vida en la nueva ciudad.

Mientras daba una revisión final por los rincones de la casa, la nostalgia me embargó de repente. La cosa más sencilla que te puedas imaginar me sacó las lágrimas y no me pude contener.

Una cascada de memorias se aglomeró para salir por mis ojos cuando vi las marcas de crecimiento en los dinteles de las puertas de sus respectivos cuartos. Las fechas que acompañaban cada rayita constituían un registro histórico cuánto habían crecido. Sequé mis lágrimas. Saqué mi teléfono. Y le tomé fotos a los marcos.

Mis hijas te lo pueden decir. Con frecuencia las amenacé con castigarlas por desobedientes: les prohibí que crecieran, pero no me hicieron caso. Siguen en su afán de crecer y convertirse en mujeres virtuosas. Fuera de chiste, estoy agradecido por eso.

La madurez es el camino natural de todo lo que tiene vida. No podemos permanecer apegados al pasado sin querer madurar. Madurar es avanzar. Madurar es progresar.

Necesitamos secarnos las lágrimas, atesorar los momentos importantes del pasado y lanzarnos a un futuro de crecimiento y madurez. Pero, ¿qué es la madurez?

Sean fructíferos

La madurez es el estado de máxima vitalidad.

La vitalidad es la capacidad de máxima reproducción.

La reproducción es la cualidad de fructificar.

Esto implica que la madurez es el estado de máxima fructificación, de máximos resultados. El nivel en el cual se puede dar mucho fruto.

La Biblia nos anima a fructificar. Es una cualidad intrínseca de la creación de Dios. Dios puso en los seres vivientes la capacidad de dar fruto y de reproducirse.

Génesis 1:29 dice: "Yo les doy de la tierra todas las plantas que producen semilla y todos los árboles que dan fruto con semilla"

Génesis 2:9 también dice: "Dios el Señor hizo que creciera toda clase de árboles hermosos, los cuales daban frutos buenos y apetecibles."

No solamente el fruto, sino los primeros frutos, eran considerados ofrenda para Dios. El primogénito del vientre, las primicias del campo y las primeras cosechas eran dedicados a Dios. La dedicación de los primeros frutos era una ofrenda de madurez.

A propósito, Dios quiere que le demos las primicias para que comprendamos su corazón ya que Él también nos dio Sus primicias cuando nos entregó a Su primogénito.

Fructificar es el primer mandamiento.

Tal vez no sea el primer mandamiento en prioridad o en importancia, pero sí es el primer mandamiento cronológico. Dios le dijo al hombre:

Génesis 1:28: "Sean fructíferos y multiplíquense; llenen la tierra y sométanla."

Fue también el primer mandamiento que Dios le dio a Noé luego del diluvio, cuando le bendijo a él y a sus hijos con palabras similares:

Génesis 9:1: "Sean fecundos, multiplíquense y llenen la tierra."

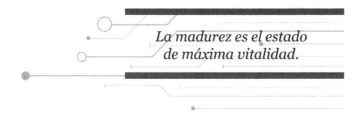

La madurez es el estado de máxima vitalidad.

El multiplicar nuestras empresas, nuestra influencia relacional, el impacto de nuestro mensaje de fe, nuestras finanzas y el alcance de nuestros ministerios forman parte del primer mandamiento.

No alcanzamos la máxima capacidad de reproducción hasta que no maduramos. Esta es la razón del llamado a la madurez:

La persona madura es la más fructífera.

La madurez deber permear y reflejarse en todas las áreas de la vida y del ministerio, porque la madurez conduce a la fructificación. El Señor Jesús dijo:

Mateo 7:16a: "Por los frutos los conocerán."

La persona madura se reconoce por sus frutos. El ministerio maduro se reconoce por sus frutos. Un plan maduro de tecnologías ministeriales se reconoce por sus frutos.

La madurez, y no solamente el crecimiento numérico, son la prueba más importante de la vitalidad de un ministerio.

El árbol de mango se puede confundir con algún otro árbol, pero no cuando está cargado de mangos. Un árbol de mango alcanza su madurez a los ocho años y produce hasta 7,000 mangos por los próximos 10 a 15 años.

La semilla de tomate puede confundirse fácilmente con otras semillas de legumbres, pero no cuando la siembras, madura y da tomates. La semilla no da tomates porque no es madura, pero sí da tomates cuando se convierte en una planta adulta, y da muchísimos tomates cuando alcanza su nivel más alto de madurez.

Lo mismo podemos decir de tus programas de tecnología en el ministerio. ¿Acaso no es el propósito de toda empresa cristiana el dar fruto abundante? Un programa incipiente de tecnología en el ministerio puede que no muestre muchos resultados al principio, es una pequeña semilla, pero cuando madura comienza a dar algo de fruto, y da muchísimo más fruto en la medida que va alcanzando los niveles más altos de madurez.

Sean espirituales

La madurez del carácter es el resultado de la obra del Espíritu Santo.

Gálatas 5:22-23 RVR1960: "Mas el fruto del Espíritu es amor, gozo, paz, paciencia, benignidad, bondad, fe, mansedumbre, templanza; contra tales cosas no hay ley."

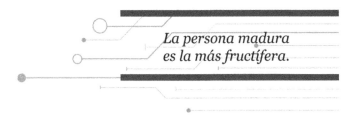

La persona madura es la más fructífera.

El fruto de la madurez no son sentimientos bonitos. Pensamos que el amor, por ejemplo, es un sentimiento loable. Nada más distante de la realidad. El amor es acción. Lo mismo se puede decir de cada una de las características del fruto del Espíritu.

La madurez se traduce en buenas obras.

Tito 2:7: "Con tus buenas obras, dales tú mismo ejemplo en todo."

Entonces, si la madurez del carácter es obra del Espíritu Santo, podemos decir que la madurez de la iglesia también lo es, la madurez del ministerio también lo es, la madurez de la tecnología en el ejercicio del ministerio también lo es.

Con frecuencia encuentro que hay un divorcio entre lo que se considera espiritual y lo mundano. Pensamos que lo espiritual tiene que ver con orar, adorar, cantar, ayunar y leer la Biblia, mientras que el trabajar, ir a la escuela, el cuidado personal o el uso del dinero son cosas mundanas. Esta manera de pensar ha marcado la retirada de la iglesia de algunos sectores y ha resultado en detrimento de la sociedad.

Trabajar, ir a la escuela y usar con sabiduría nuestras finanzas son cosas espirituales. Hacer ejercicio y comer saludablemente es espiritual ya que cuida del templo del Espíritu. Tener un balance en la vida es espiritual. Usar las tecnologías de forma santa con propósitos ministeriales es también espiritual.

La clave se encuentra en los frutos. Ser espiritual es ser maduro. La persona madura es la más espiritual.

Es apropiado pensar que tu desarrollo tecnológico vaya fomentando, fortaleciendo y afirmando la espiritualidad tuya y la de tu organización. En la medida que completas nuevos pasos en tu caminar hacia la madurez tecnológica, vas alcanzando también nuevos niveles de espiritualidad.

Por supuesto que esto no sucede al azar. No toda tecnología ni todo uso de la tecnología conducen por inercia a un crecimiento espiritual. Necesitas ser intencionado y tener propósitos espirituales claros para tu desarrollo tecnológico.

En otras palabras, tus programas de tecnología se deben planificar, coordinar y desenvolver con la mira en los avances espirituales que se desean lograr. No por la tecnología en sí misma, ni porque otros ministerios la están empleando, sino por la espiritualidad particular que queremos alcanzar.

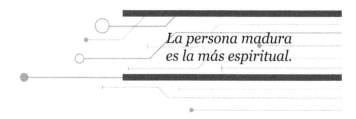

La persona madura es la más espiritual.

Tus programas de tecnología necesitan tomar en cuenta las palabras de Pablo a los gálatas y acoplarse con el fruto del Espíritu para traer amor, gozo, paz, paciencia, fe, bondad, benignidad, mansedumbre y templanza.

Consideremos esta idea un poco más.

El fruto del Espíritu

La mayoría de las personas con quienes he compartido acerca del fruto del Espíritu piensan en la metáfora en términos de lo bueno que es disfrutar de dicho fruto.

Si le preguntas a una persona hambrienta, una fruta es buena para comérsela, es nutritiva, calma el apetito y es dulce al paladar. Esta es la experiencia común. Por eso es fácil relacionar el fruto del Espíritu con los beneficios que nos puede traer. Y no hay nada de malo con esto.

Con certeza, si amamos más, nos alegramos más, tenemos más paz, somos más pacientes, enfrentamos las dificultades de la vida con una medida mayor de fe, nos sigue la bondad, hacemos el bien a los demás, somos mansos y controlamos nuestros impulsos, viviremos mejor. Es decir, nos comemos una fruta dulce y apetecible.

Pero el verdadero poder del fruto, aunque es buen alimento (y hay que comerse cinco porciones al día), no está en su facultad nutritiva, sino en su facultad reproductiva.

El propósito natural del fruto es proteger la semilla. No se me ocurre una manera de gritar esto en el papel, así que lo voy a decir otra vez:

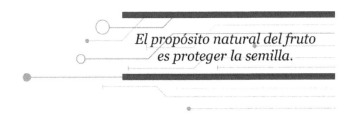

El propósito natural del fruto es proteger la semilla.

El fruto es un caparazón delicioso para guardar las capacidades reproductivas y proteger la carga genética que se transferirá a la siguiente generación.

Esto es en verdad poderoso. Te puedes comer una manzana y botar el corazón, como lo hacemos con frecuencia. Pero en ese corazón hay en potencia miles de manzanas más.

Si le preguntas a una persona madura, una fruta es buena para extraerle las semillas, sembrarlas, cultivarlas y producir mucho más fruto. El hombre en el supermercado compra la fruta para comérsela, pero la mujer agricultora compra la fruta para sembrarla y producir al ciento por uno.

Esto lo entendió bien el Señor al darle la importancia que la semilla merecía en la parábola del sembrador:

Marcos 4:20: "Pero otros son como lo sembrado en buen terreno: oyen la palabra, la aceptan y producen una cosecha que rinde el treinta, el sesenta y hasta el ciento por uno."

El fruto del Espíritu no es sólo para tu disfrute, sino para que reproduzca fruto con la misma carga genética en otros.

Lo mismo podemos decir de la tecnología. El fruto de la tecnología no es sólo para tu disfrute, sino para que reproduzca fruto con la misma carga genética en otros.

El fruto de la tecnología

El concepto del fruto del Espíritu ha ocupado mi caminar cristiano desde muy temprano. Es un concepto que me apasiona y me estimula de forma continua, pero no fue sino hasta días recientes que se me ocurrió cruzar este concepto con el de la madurez tecnológica.

¿Qué si aplicamos el concepto del fruto a la tecnología ministerial? Tendríamos programas más maduros cumpliendo con propósitos espirituales más concretos y elevados. Veamos.

Amor

El uso de la tecnología en el ministerio debe estar motivado por el amor a Dios y al prójimo. Debe producir amor en nosotros y reproducir amor en los demás. Se necesita del amor para alcanzar a la gente donde se encuentran, seguir amando en medio de las pruebas y los retos, y cubrir los muchos errores que se cometen en el camino. Como verás, el amor es un tema recurrente en otras secciones de este libro.

Gozo

El uso de la tecnología en el ministerio debe producir gozo en nosotros y reproducir gozo en los demás. A veces el uso de la tecnología nos causa frustraciones, amarguras, desesperos. Sí, también a los cristianos nos pasa. Si mantenemos la capacidad de reproducción en mente – los resultados, los frutos – esto colocará en el centro de nuestra experiencia al gozo. En realidad, es muy satisfactorio cuando la tecnología funciona de la manera diseñada y cumple los propósitos para la cual la usamos.

Paz

El uso de la tecnología en el ministerio debe producir paz en nosotros y reproducir paz en los demás. La paz te ayudará a superar la angustia por mantenerse actualizado con lo último de la cuadra y las preocupaciones por estar al día con los avances tecnológicos. La paz te dará la certeza de alcanzar tu destino, siempre y cuando sepas para dónde vas. El mapa de madurez te puede ayudar a definir tu destino tecnológico.

Paciencia

El uso de la tecnología en el ministerio debe producir paciencia en nosotros y reproducir paciencia en los demás. ¡Que si qué! Se necesita mucha paciencia en la tecnología para aprender, pasar por la prueba y el error y superar los obstáculos, antes de poder disfrutar el gozo de los resultados.

Fe

El uso de la tecnología en el ministerio debe producir fe en nosotros y reproducir fe en los demás. La fe es activa. La fe siembra hoy para poder esperar resultados mañana. Nada más cercano a la fe que la madurez, incluyendo la tecnológica. El camino a la madurez tecnológica no asume gratificación inmediata sino diferida, y en eso se combina con la paciencia. Y la perseverancia.

Bondad

El uso de la tecnología en el ministerio debe producir bondad en nosotros y reproducir bondad en los demás. Hay peligros inherentes en el uso de toda tecnología que necesitamos tener en cuenta para no promoverlos y caer en ellos. Los programas de tecnología en el ministerio deben diseñarse para hacer el bien sin acepción de personas.

Benignidad

El uso de la tecnología en el ministerio debe producir benignidad en nosotros y reproducir benignidad en los demás. La benignidad difiere de la bondad en que la benignidad es una característica intrínseca de lo bueno mientras que la bondad son las acciones extrínsecas de lo bueno. La benignidad está relacionada con la piedad o la capacidad de entender al otro en su condición de necesidad para atenderle. La tecnología en el ministerio debería adoptar la benignidad en su capacidad de conocer a los demás, cosa para la cual pocos ministerios han explotado el uso de la tecnología.

Mansedumbre

El uso de la tecnología en el ministerio debe producir mansedumbre en nosotros y reproducir mansedumbre en los demás. Esta es mi definición de la mansedumbre: dejarse enseñar. Una persona mansa reconoce que no se las sabe todas y que hay mucho que aprender. La tecnología puede ayudarnos a ambas cosas dada su propia naturaleza cambiante que exige mantenerse actualizado y la capacidad que tiene como medio de educación.

Templanza

El uso de la tecnología en el ministerio debe producir templanza en nosotros y reproducir templanza en los demás. La templanza, dominio propio o autocontrol es necesario en nuestro trato con la tecnología. Es verdad que a veces provoca caerle a puños al teclado de la computadora cuando no hace lo que esperamos, pero eso, créeme que no ayuda. Los procesos tecnológicos usan mecanismos de precisión y control así como la madurez es resultado de lo planeado y dirigido.

Las tecnologías ministeriales proponen ocasiones para ejercitar el fruto del Espíritu y para pensar en formas creativas en las cuales nuestras interacciones con la tecnología pueden reproducirlo en el corazón.

Concluyendo, conoces la madurez por tus frutos y conocemos la inmadurez por nuestras actitudes. Como para ser más fructíferos necesitamos conocer el mal que hay en nuestros propios corazones, hablemos entonces acerca de la inmadurez.

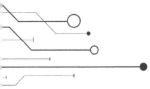

LA INMADUREZ

La madurez es saber cuándo ser inmaduro.

– RANDALL HALL.

Con la inmadurez viene la incertidumbre.

– WILLIAM L. NOLTE.

Mi hija mayor tenía dos años cuando descubrió el arte mural. Parecía una pandillera desesperada por decorar todas las paredes de la casa con su grafiti multicolor. Cada pared blanca y desbloqueada era una invitación que gritaba: "Píntame."

Estuve cerca de cambiar de trabajo y dedicarme a ser pintor. Sí, pintor de mi propia casa, porque ella era más rápida con la tinta china que yo con la brocha gorda.

Durante esos días, comenzamos a aplicar una técnica basada en el libro de Thomas W. Phelan, *1-2-3 Magia*. Esta técnica consiste en la modificación de la conducta dándole al niño o a la niña tres advertencias y una consecuencia.

Mi hija tomó su juego de marcadores y comenzó a pintar. Mi esposa entonces le dijo la frase repetida: "En las paredes no se pinta, deja de pintar allí." Mi hija la vio de reojo, y como todo buen artista, hizo caso omiso. Entonces mi esposa fue subiendo el tono de la voz: "Deja de pintar... Uno... Dos... Tres..." y antes de que la castigara en una silla por un par de minutos, mi hija respondió a media lengua: "Cuatro, cinco, seis, siete..." ¡Fracaso total!

Si eres padre o madre sabes lo difícil que es cambiar la conducta de nuestros hijos con las palabras. Yo no quería frustrar la infancia de quien podría llegar a ser la próxima Mary Cassatt. Entonces se me ocurrió una idea que lo cambiaría todo.

Fui a la ferretería, compré pintura de pizarrón verde y tizas de colores. Escogí una buena pared y pinté una sección amplia y accesible. Le quité los marcadores a mi hija. Le di las tizas de colores y le dije: "De ahora en adelante, puedes pintar todo lo que quieras, sin salirte del área verde." Santo remedio.

Alternativas de crecimiento

Mientras preparaba la charla que dio origen a este libro le pregunté a mi hermano: "¿Qué es la madurez?" y me respondió en son de juego: "La madurez es la falta de inmadurez."

Entonces le respondí: "¡Qué inmaduro eres!"

Con el paso del tiempo, he reflexionado en la respuesta de mi hermano y he encontrado que tiene algo de sabiduría oculta.

Para muchos es difícil reconocer la madurez. Es más fácil poder identificar la inmadurez cuando la vemos. Es más obvia. Sus pinturas llenan todas las paredes con su grafiti contaminante.

Al identificar las características de la inmadurez en este capítulo, no quiero enfocarme en la inmadurez como una manera nociva de criticar las deficiencias o debilidades de nuestros líderes o ministerios. La inmadurez en nuestra cultura tiene connotaciones negativas. Sin embargo, la inmadurez en cierta área puede ser el resultado de decisiones intencionadas. Cuando es así, no es mala en sí misma.

El poder identificar las características indeseables de la inmadurez nos ayuda a hacer un esfuerzo consciente para estimular el crecimiento mediante las conductas que sí queremos ver. Se trata más bien de poner límites claros a la inmadurez y proveer alternativas de crecimiento de camino hacia la madurez. Las alternativas de crecimiento son conductas de reemplazo deseables.

En otras palabras, no te esfuerzas por dejar de ser inmaduro sino por ser maduro, y cuando creces en madurez echas fuera la inmadurez.

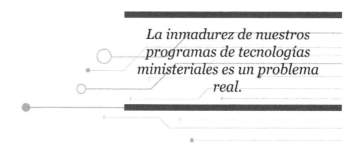

La inmadurez de nuestros programas de tecnologías ministeriales es un problema real.

La inmadurez de nuestros programas de tecnologías ministeriales es un problema real. Tal vez no hemos visto la necesidad de madurar en nuestras iniciativas tecnológicas debido a ciertas actitudes que, como estamos inmersas en ellas, no las reconocemos como inmaduras. A fin de cuentas, ¿a qué adolescente le gusta que le digan que es un inmaduro?

La mala noticia es que muchos programas de tecnologías ministeriales (y bueno, cabe mencionar que también muchos ministerios, muchas iglesias y hasta muchos cristianos) se quedan inmaduros.

El problema con la inmadurez es que da cabida a la incertidumbre. Es muy difícil liderar un ministerio con incertidumbre. La incertidumbre carece de compromiso y abunda en riesgos.

La madurez, por otro lado, es inversamente proporcional a los riesgos. A mayor madurez tecnológica, menor es el riesgo de que tus programas fracasen. La buena noticia es que la inmadurez se puede corregir con alternativas de crecimiento.

Actitudes de inmadurez

He aquí algunas actitudes de inmadurez que necesitamos superar:

Temor

Grafiti: Podemos sentir temor al fracaso, al rechazo y a la crítica, y por consecuencia refugiarnos en lo conocido o aquello que sí podemos controlar. El temor se puede originar en la sensación de tener que perder el control. A veces también el complejo de inferioridad te puede convertir en una persona recelosa y desconfiada.

Puede que muchas razones para sentir temor ante la tecnología sean legítimas, pero sin la debida investigación, pueden darse como infundadas. Las razones más comunes que he escuchado al respecto son:

- "La tecnología es muy cara." Esta es una de las excusas más frecuentes aunque haya muchas alternativas para minimizar el impacto económico de la tecnología, como el usar software gratuito, aparatos de segunda mano o una buena planificación presupuestaria, por ejemplo.
- "Nadie sabe cómo usar la tecnología." Es más fácil de sobreponerse a esta razón. Se puede aprender o se puede contratar a alguien que sí tenga el conocimiento y las destrezas necesarias. Cuando contratamos a alguien, aceleramos el tiempo para ver resultados más rápido.
- "Nadie sabe para qué sirve esta tecnología." Como señalaré en el **Capítulo 4**, exponerse al conocimiento es el inicio de todo proceso de madurez. Esta es una de las ventajas de ver

la madurez como un mapa que te lleva de tu presente a tu futuro tecnológico.

- "Tal o cual tecnología está en contra de la Biblia." El corolario a esta frase sería "si la usas estás en pecado." No se han hecho estudios de la Biblia desde la perspectiva de lo tecnológico, el cual es el tema de otros libros de la serie, pero todo lo contrario, la Biblia tiene una actitud bastante favorable hacia la tecnología. Es por esta razón que este libro contiene muchas referencias bíblicas. Otros mitos acerca de la tecnología entran en esta categoría.

- "Es difícil obtener la tecnología." Esta es la cuestión de acceso. En algunos lugares del planeta, esta es una realidad que no podemos ignorar. Se habla del impacto que la desigualdad digital tiene sobre la economía y los grupos sociales menos favorecidos. El concepto de madurez tecnológica en estos casos es aún más necesario.

- "La tecnología no está disponible en mi idioma." Otra cuestión real para considerar. Un programa de madurez tecnológica puede incluir servicios multilingües en sus etapas más avanzadas.

Si sientes que no tienes las capacidades para emprender un programa de tecnología o que si comienzas algo nuevo, la gente te va a criticar o a juzgar, déjame decirte que no estás solo. Todos hemos pasado por allí. Si sientes que la tecnología es un territorio vasto, y lo es, desconocido e inhóspito, y pudiera serlo, y que al caminar por él ya no podrás controlar cada uno de los detalles, es cierto. Por lo menos al inicio. Pero no dejes que el temor te paralice e inhabilite.

Pizarra verde. Algunos piensan que el odio es lo contrario al amor. De acuerdo a La Biblia, lo contrario al amor es el temor (1 Juan 4:17-18). Entonces la vacuna del temor es el amor. Necesitamos revisar nuestra visión, misión y estilo de trabajo a la luz del amor de Dios y del amor al prójimo (Mateo 22:36-40). Si amamos lo suficiente a nuestro prójimo, haremos lo que esté a nuestro alcance por demostrarles ese amor, incluso usar tecnologías que nos causan temor, y entonces el amor echa fuera el temor. El amor nos lleva a encontrar propósito porque el amor es el motor de la misión.

El amor a Dios te estimula a elevar la excelencia de los servicios de adoración en cuanto a la música, los instrumentos, el sonido y el sermón. El amor a la gente en tu comunidad te impulsa a mantener un sitio web actualizado y atractivo para que sepan a dónde acudir en momentos de desesperación.

Es normal sentir algo de temor al experimentar con nuevas tecnologías pero en esos momentos, necesitamos elevar nuestra perspectiva y actuar en amor; amor al prójimo en el ejercicio de nuestra misión.

Resistencia

Grafiti: Algunas de las actitudes de inmadurez son pasivas. La resistencia, sin embargo, es activa. Consiste en poner trabas a las iniciativas tecnológicas y se puede manifestar de varias maneras por medio de tácticas dilatorias y obstaculizantes, como lo son: el boicot, el ausentismo, los chismes, las amenazas, las agendas ocultas y hasta la intimidación de los líderes.

Cada vez que me invitan a dar conferencias sobre el tema me gusta preguntar: ¿Cuáles son algunos obstáculos que nos impiden implementar tecnología en el ministerio? La lista de respuestas no es tan larga. Casi todo se reduce a los costos, el desconocimiento o la falta de personal entrenado. Te puedes dar cuenta que cada una de estas cosas se pueden superar. Se puede usar tecnología gratuita, se puede aprender y se puede conseguir a gente capacitada o formarla. La actitud de resistencia podrá encontrarle excusas a toda propuesta.

Pizarra verde: Me inclino a pensar que si estamos empleando tácticas de resistencia al cambio es porque no deseamos crecer. Algunas de estas actitudes son fuertemente censuradas en La Biblia y pueden incluso considerarse pecaminosas. Los celos, las contiendas y las divisiones están al nivel de las orgías las herejías y las hechicerías (Gálatas 5:19-21 RVR1960). Para eso necesitamos arrepentirnos.

Ser manso significa ser enseñable.

Necesitamos convertirnos en personas mansas. Ser manso significa ser enseñable. Cuando nos dejamos enseñar, bajamos las defensas y abandonamos los intereses propios en favor de la misión. En seguida conseguimos los recursos para financiar toda iniciativa tecnológica, aprendemos la tecnología que necesitamos aprender y nos conectamos con personas idóneas que nos pueden dirigir en nuestro desarrollo.

Conformismo

Grafiti: El conformismo se relaciona con mantener el *status quo*, el cargo, la posición, o los métodos establecidos. También tiene que ver con la comodidad de la estabilidad, porque por lo general nos gusta el cambio, pero no nos gusta cambiar. El problema con esta postura es que el mundo alrededor no es estático y controlado, sino que está en constante transformación y si no crecemos, de todas maneras perderemos nuestra condición presente. Sin madurez, la pérdida del *status quo* es inevitable.

Nada más claro para poner en evidencia esta dinámica que la tecnología, y te lo voy a ilustrar con un ejemplo sencillo. Vas a una tienda y compras una computadora de características extremas: los procesadores más rápidos y eficientes del momento, máxima capacidad de memoria, discos de alto rendimiento y el sistema operativo más avanzado. Al cabo de algunos meses, los cambios en la industria y hasta las mismas actualizaciones del sistema operativo hacen que le quede pequeña la computadora y se hace más lenta.

Pizarra verde: Necesitamos revisar nuestra teología del cambio y nuestra filosofía ministerial para convertirnos en personas emprendedoras que trazan nuevos rumbos. Necesitamos el espíritu aventurero de un explorador, que está dispuesto a probar nuevos métodos para sobrevivir y alcanzar nuevos horizontes.

Sin madurez la pérdida del status quo es inevitable.

La iglesia emprendedora crea un balance entre el crecimiento en número y en carácter, entre cantidad y calidad. Ambas cosas y no una en detrimento de la otra. Esto significa que la tecnología ministerial hace multiplicar el número de miembros, incrementa la asistencia dominical y mejora la calidad de los servicios que ofrece. La iglesia emprendedora administra los recursos que tiene para moverse a nuevos estados de madurez.

Ceguera

Grafiti: La ceguera tiene dimensiones múltiples. No se puede ver la condición real del ministerio, o las necesidades imperantes de la comunidad, o los cambios en la cultura o la composición demográfica. Es decir, que la persona no está interesada en discernir los tiempos. También se relaciona con la falta de una visión clara de lo que queremos lograr.

La ceguera puede ser total o parcial. No alcanzamos a ver la fotografía completa o apenas el siguiente paso. La ceguera de algunos ministerios en asuntos de tecnología me impulsó a escribir este libro con la intención de mostrar un mapa completo, paso a paso, de desarrollo y madurez. Claro que este mapa tendrá que hallar una expresión concreta en los contextos particulares, pero no deja de ser útil en sus principios generales.

Pizarra verde: La ceguera se cura cuando nos vuelve la visión. La visión es el elemento fundamental de toda estrategia y en particular, de toda estrategia de tecnología. Necesitamos nuevos ojos, pero ¿cómo adquirimos nuevos ojos?

No podemos descontar el rol de la oración. Dios nos puede dar espíritu de sabiduría e iluminar los ojos de nuestro corazón (Efesios 1:16-18). Un retiro, por ejemplo, de oración y meditación grupal puede ser la llave que abra la puerta de la visión en algunos casos. Aun así, difícilmente bajará un papiro del cielo con tu plan de tecnología. Tu visión y tu plan de tecnología necesitarán de mucha investigación y trabajo en equipo.

Tu equipo de trabajo necesitará hacer una evaluación multifacética que incluya tu estado actual, tu lugar en la comunidad, tu contexto cultural y la viabilidad de ciertas tecnologías para discernir los tiempos en los cuales realizas tu ministerio.

Esto abre la oportunidad para que los nuevos ojos sean importados, es decir, los de una persona externa a tu ministerio que pueda hacer una evaluación neutral y darte recomendaciones puntuales. Hay que rodearse de buenos y variados consejeros. Un asesor de tecnologías ministeriales, como veremos en el **Capítulo 10**, un oficial de la ciudad o una agencia de estudio demográfico te pueden ayudar en áreas y momentos diferentes.

La Biblia nos da una lista detallada de todos los hombres que se reunieron con David para entregarle el reino de Saúl. Esta lista refiere a los hombres de la tribu de Isacar como "expertos en el conocimiento de los tiempos, que sabían lo que Israel tenía que hacer" (1 Crónicas 12:32). Recuerda que el nombre "Isacar" significa "recompensado;" ser experto en el conocimiento de los tiempos y poder dirigir la toma de decisiones trae muchas recompensas.

Comodidad

Grafiti: La comodidad con lo que existe o ya sabemos hacer nos lleva al estancamiento. También puede generar un apego desmedido a la tradición. Muchos siguen el dicho: "Más vale malo conocido que bueno por conocer." Este dicho contradice un principio bíblico fundamental, como veremos más adelante: Dios siempre está haciendo algo nuevo, y lo nuevo de Dios siempre es mejor.

Que la gente se apegue a la tecnología que conoce es normal, pero que el apego a lo familiar dé ocasión para ignorar lo nuevo es un factor limitante. El apego desmedido a los métodos y programas del pasado, aunque haya quedado comprobado que ya no funcionan, evidencia inmadurez. Cuando leas el **Capítulo 5** te darás cuenta que ignorar e innovar se encuentran en los dos puntos extremos del mapa de madurez.

Pizarra verde: Lo que ahora es tradición una vez fue novedad. Necesitamos corregir nuestra teología para entender el rol de la innovación. Es lo que intento hacer en el **Capítulo 6**.

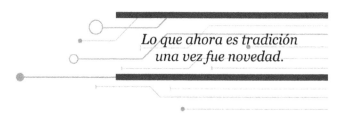

Lo que ahora es tradición una vez fue novedad.

Es fundamental que haya un balance entre los principios fundamentales de la fe y los métodos para compartirla. Hay cosas en nuestra esencia que no deben cambiar, pero hay otras que sí deben ajustarse para mantenernos relevantes en el mundo cambiante. Los principios son perdurables pero los métodos pueden cambiar.

Esterilidad

Grafiti: La esterilidad se refiere a la incapacidad de dar frutos. Este es el caso cuando nuestros programas de tecnología no dan buenos resultados o no resultan en buenas obras. Generalmente sucede porque no hemos definido cuáles son esos buenos resultados o buenas obras.

La tecnología sirve para muchas cosas en muchos escenarios, pero necesitas definir para qué sirve en tu situación particular. Algunas ideas serían:

1. Deseas mejorar la productividad de tu equipo de trabajo
2. Necesitas coordinar mejor las actividades y los calendarios
3. Quieres alentar la comunicación efectiva y frecuente
4. Te propones entrenar a otros en las labores del ministerio
5. Precisas conocer con detalle tu estado financiero
6. Te urge incrementar los donativos y quieres hacerlo en línea

La lista está limitada sólo por tu imaginación, pero en cada caso puedes trazar una línea directa entre el fruto que quieres obtener y las tecnologías que te pueden ayudar a alcanzarlo.

Pizarra verde: Entonces necesitamos definir cómo se verá el éxito cuando lo obtengamos. Para cada iniciativa determina objetivos claros, su finalidad ministerial y las tecnologías que te ayudarán a llegar allí. Por ejemplo, define a cuántas personas quieres entrenar, por cuánto tiempo, usando cuáles tecnologías educativas y para hacer qué cosas en el ministerio. Precisa a cuánto quieres incrementar los ingresos por concepto de donativos en línea, cómo vas a ajustar el presupuesto y qué sistemas vas a emplear.

Embárcate en un proceso de planificación estratégica, la cual te ayudará a establecer metas claras y crear un plan de acción para alcanzarlas. Puedes leer más sobre la alineación estratégica en el libro de Aubrey Malphurs sobre el tema (revisa la bibliografía) y en mi artículo del blog: *Desafío estratégico de la tecnología*[1]

Avatares de madurez

La palabra *avatar* se ha popularizado en la tecnología y la informática como la representación digital de una persona. Los avatares les permiten a personas e instituciones crear una identidad cibernética única, que, en algunos casos, representa a la persona real, y, en otros casos, le permite tomar personalidades ficticias.

Es recomendable tener una personalidad digital consistente, por ejemplo, en las redes sociales y sitios web. Existen aplicaciones de software especializadas en crear y mantener tu identidad cibernética o alter ego digital, como por ejemplo, la identidad de *WordPress* conocida como *Gravatar* (http://es.gravatar.com).

La palabra *avatar* proviene del sánscrito y significa cambio o transformación. En la religión hindú, se relaciona a la encarnación de un dios. Entiéndame bien. No estoy endosando ni promocionando el hinduismo con lo que voy a decir. Lo que me atrae de este concepto es la capacidad que tenemos de "encarnar" a alguien que aún no somos pero que podemos llegar a ser. En esto consiste la madurez.

Podemos ahora tener la actitud y disposición mental de una persona decidida a madurar, un avatar de madurez. La soltura y orientación se convertirán en postura y culminación. Es decir, podemos convertirnos en aquello que deseamos. Somos niños pero podemos ser adultos.

Tú podrías estar pensando, "se supone que estás hablando de tecnología, ¿por qué me hablas de las actitudes personales?" Si estás pensando esto, tienes razón. Necesito darte una explicación.

Por un lado, el concepto de madurez es un concepto prestado. Se refiere a seres vivientes y no a cosas inanimadas. Es fácil entender la madurez cuando se aplica a una persona o a una fruta. La persona madura es digna de nuestra confianza. La fruta madura es digna de nuestro paladar.

Por otro lado, la tecnología no existe en un vacío inanimado. La tecnología es por las personas y para las personas. La tecnología subsiste por la sangre de quienes la crean y la usan.

Uno de los errores más comunes que veo en las organizaciones cristianas como asesor de tecnologías ministeriales es que se desentienden de las personas.

Necesitamos pensar en las personas que van a recibir los beneficios de la tecnología; aquellos que van a escuchar el mensaje del evangelio o recibir entrenamiento de discipulado, por ejemplo. Cuidar de ellos significaría tener formas claras de entregar el mensaje, considerar sus edades o sus etapas en la vida al diseñar nuestra comunicación. Cuidar de ellos significaría definir el contenido del discipulado y reunirse con ellos cada semana para discutirlo. Todo esto es mediado por la tecnología.

También necesitamos tener en mente a aquellos quienes estarán a cargo de la adopción, implementación y mantenimiento de la tecnología. Las personas que sostienen las iniciativas tecnológicas del ministerio a mediano y largo plazo son claves para la madurez tecnológica. Cuidar de ellos comienza con la selección de personal técnico cualificado. Toda tecnología requiere pericia y gente adecuada para mantenerla. Cuidar de ellos significa proveerles de oportunidades para que se mantengan actualizados con la tecnología y exploren formas creativas de hacer ministerio con ella.

Si corregimos las seis actitudes de inmadurez (temor, resistencia, conformismo, ceguera, comodidad y esterilidad) en las personas a cargo del liderazgo y de las operaciones de la tecnología en el ministerio, estaremos corrigiendo el curso de la madurez tecnológica. El grado de madurez de la tecnología es directamente proporcional al grado de madurez tecnológica de las personas que la mantienen.

Al hablar de grado de madurez, me refiero de manera concreta al nivel de madurez alcanzado al seguir el mapa del **Capítulo 5** y que aplico a un ejemplo concreto en el **Capítulo 9**.

La madurez implica visión de futuro, impulso hacia lo novedoso, exploración de lo desconocido, crecimiento numérico, mejora de la calidad, humildad para cambiar y mansedumbre para dejarse enseñar.

> *El grado de madurez de la tecnología es directamente proporcional al grado de madurez tecnológica de las personas que la mantienen.*

El Señor Jesucristo, de todas las cosas que pudo haber dicho que aprendiésemos de Él, sólo dijo:

Mateo 11:29 RVR1960: "aprended de mí, que soy manso y humilde de corazón." La humildad te ayuda a reconocer en qué nivel de madurez te encuentras. La mansedumbre, a subir de nivel.

Madurar es bíblico. Y no solamente bíblico sino necesario. De acuerdo al apóstol Pablo, la madurez nos permite tener una visión clara de nuestro progreso y alcanzar un conocimiento perfecto:

1 Corintios 13:11-12: "Cuando yo era niño, hablaba como niño, pensaba como niño, razonaba como niño; cuando llegué a ser adulto, dejé atrás las cosas de niño. Ahora vemos de manera indirecta y velada, como en un espejo; pero entonces veremos cara a cara [VISIÓN]. Ahora conozco de manera imperfecta, pero entonces conoceré tal y como soy conocido [CONOCIMIENTO]."

Visión y conocimiento son los resultados de la madurez. Si quieres tener una visión clara y conocer con autoridad el uso y el efecto de la tecnología en tu ministerio, necesitas tener un modelo de madurez. Necesitas ir de la infancia a la edad adulta en asuntos de tecnologías ministeriales.

Antes de repasar algunos modelos de madurez existentes, exploremos el tema de la tecnología en el siguiente capítulo.

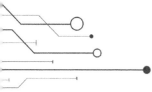

LA TECNOLOGÍA

*"La tecnología es todo aquello que se inventó
después de que nacieras."*

– ALAN KAY.

E n el año 1972, Nolan Bushnell cambió para siempre el escenario de juegos infantiles con la primera consola Atari de juegos de videos. Su primer juego, *Pong*, alcanzó popularidad mundial en apenas tres años y garantizó el éxito comercial de una nueva industria.

Pong, simulaba en una pantalla de televisor una pelota de tenis de mesa rebotando de un lado a otro mientras era interceptada por dos líneas que hacían las veces de raqueta. Las líneas se controlaban dando vuelta a las dos perillas de una consola conectada al auxiliar de un televisor. Era fácil de conectar y comenzar a jugar.

Los demás juguetes de la época pasaron a un segundo plano. Las cometas, las canicas, el balero y los jacks dieron paso a una carrera sucesiva para mejorar la calidad de las gráficas, la complejidad de las interacciones y la velocidad y capacidad de las consolas.

Los videojuegos de la actualidad distan mucho de esta primera versión sencilla. Las consolas de hoy son computadoras de alto rendimiento, capaces de "mirar" los movimientos o de seguir tales movimientos por radiofrecuencias para "interpretar" las intenciones de quien juega. Además, han proliferado y llegado a todo aparato electrónico, desde tu teléfono celular hasta tu reloj inteligente.

Sin lugar a dudas podemos decir que la tecnología de los videojuegos ha madurado. Algunos han trascendido el propósito de entretener ya que estimulan las agilidades físicas, la actividad mental o la capacidad de aprender.

Familiaridad con la tecnología

La tecnología es uno de esos conceptos tan familiares que se nos hace difícil definir. Esto sucede porque toda tecnología progresa hacia la familiaridad en su camino a la madurez.

Sabemos que los videojuegos son tecnología pero no pensamos en las cometas, las canicas, el balero o los jacks como tal. Reflexiona en esto por un momento. Estos juguetes de antaño también son tecnología.

De niño fabricábamos nuestras propias cometas. El ingenio era parte de la diversión. Seguimos interminables secuencias de prueba y error para descubrir la combinación perfecta de caña, papel y cola. Pasábamos horas determinando la dirección y la fuerza del viento para que se elevara. Y después aprendimos a hacer maromas en el aire. Pero mucho antes de nuestros experimentos, a alguien se le ocurrió modelar la primera cometa.

Lo mismo podemos decir de los otros juguetes. Para jugar con canicas tuvimos que amaestrar el vidrio con fuego. Para jugar con el balero —en mi país le decimos perinola pero se conoce en otros países como boliche o capirucho, moldeamos la madera en el torno. Para jugar con los jacks hicimos una pelota con la goma y vaciamos una aleación de metal en un molde.

El mismo análisis se puede extender a otras categorías. Nadie piensa que una silla es tecnología, sin embargo, hubo una época cuando las sillas no existían y alguien tuvo que ingeniárselas para balancearlas, en el sentido literal de cuántas patas se necesitan para dar el mejor soporte, y en el sentido económico de producción para saber cuántas patas son el mínimo viable para que no salgan tan caras.

Toda tecnología progresa hacia la familiaridad en su camino a la madurez.

Con el tiempo, una silla es sólo eso, una silla. El sofá electrónico programable de masaje automático en posición de gravedad cero, ese sí es tecnología digna de ocupar el piso de Brookstone.

Lo mismo sucede en el ministerio de la iglesia. Hubo una época en la cual la iglesia no empleaba instrumentos musicales, por ejemplo. Ahora asociamos el órgano de pipas con la iglesia tradicional pero no siempre estuvo allí. Pasaron casi mil años para que las primeras iglesias medievales adoptaran el órgano como parte de su adoración.

El órgano es una pieza material, y es más obvio ver la tecnología como algo material, pero lo mismo aplica a técnicas inmateriales.

La iglesia evangélica de hoy no concibe un servicio de adoración o una campaña evangelística sin terminar con un llamado al altar. Sin embargo, el llamado al altar fue introducido en la iglesia por el evangelista estadounidense Charles Finney, quien ejerciera su ministerio entre 1821 y 1875. La iglesia cristiana pudo sobrevivir más de 1800 años sin esta técnica revolucionaria para su época.

Las técnicas son tecnología. Aunque estas palabras comparten la misma raíz y la misma etimología, no pensamos en ellas como tecnología. En este sentido, la eclesiología, la teología sistemática, la exégesis, la hermenéutica y la homilética que adornan nuestros seminarios y preparan a nuestros pastores para el ministerio son tecnología, aunque poco pensamos en ellas como tal.

Entonces damos por sentado tecnologías con las cuáles crecimos y no las identificamos como tecnologías aunque lo sean. Esta familiaridad hace necesaria una definición clara de la tecnología, o por lo menos, una definición alrededor de la cual podamos crear un consenso para el trabajo ministerial.

¿Qué es la tecnología?

La definición que adoptemos de la tecnología nos informará y nos servirá de marco de referencia para nuestra selección, desarrollo, implementación, y evaluación. También nos servirá para crear un mapa de madurez tecnológica que haga mérito al contexto ministerial.

Yo opto por un concepto pragmático de tecnología. Puedes leer acerca de cómo llego a este concepto en mi libro *Ciberministerio*, y puedes leer más sobre el concepto de la tecnología en mi artículo: *En todo caso, ¿Qué es la tecnología?*,[2] por lo que ahora me limito a enunciarlo:

> "La tecnología es una red cultural interconectada de personas, sistemas, procesos, políticas y aparatos que nos permite interactuar con el mundo que nos rodea."[3]

Esta definición confirma que si algo se sistematiza o se estandariza, es tecnología. Si se crea una metodología para ese algo, es tecnología. Si requiere de normativas y procedimientos documentados, es tecnología. Y si implica de alguna manera una interacción con el mundo material que nos rodea, también es tecnología. Por lo general, estas cosas se combinan para crear un producto terminado de consumo masivo, pero aún si no llegara a las masas, seguiría siendo tecnología.

La tecnología es un ecosistema integrado. La gente se apresura a pensar que la tecnología son los aparatos, pero los aparatos no tienen contexto sin las políticas, no dan resultados sin los procesos, no se relacionan sin los sistemas y nadie se beneficiaría si no hay personas.

Quiero ilustrar esto con dos de ejemplos.

En 1996, el congreso de los Estados Unidos pasó una ley de reforma del sistema de salud para proteger a las personas. La ley tenía dos objetivos en mente. Primero, no dejar desasistido al empleado sin seguro médico, y segundo, proteger la seguridad y confidencialidad de la información personal y el historial médico de los pacientes.

Esta ley se conoce como la Ley de Portabilidad y Responsabilidad del Seguro Médico o HIPAA (por sus siglas en inglés, *Health Insurance Portability and Accountability Act*).

A simple vista, esto es sólo una ley. Pero en el ecosistema de la tecnología es de esperarse que este cambio en las políticas afecte las otras cuatro áreas. Y es lo que ha pasado.

La tecnología es un ecosistema integrado.

- En cuanto a las personas, HIPAA ha requerido que se formen especialistas en el conocimiento de la ley que sepan cómo garantizar que la práctica médica la siga y quede protegida por y de ella. Cada persona con acceso a la información del paciente es ahora responsable por conocer la ley y proteger tal información.

- En cuanto a los sistemas, todos los sistemas, ya sean manuales o automatizados, de papel o electrónicos, han tenido que adaptarse para seguir la ley, generando por cierto una industria de tecnología paralela. La seguridad en el acceso y el manejo de la información tomó prioridad. La metodología de trabajo cambió.

- En cuanto a los procesos, cada proceso de las compañías de seguro quedó expuesto al escrutinio del gobierno y cada proceso de los proveedores de servicios médicos por igual. Se crearon mecanismos de auditorías regulares para garantizar la continuidad y la privacidad de los pacientes.

- En cuanto a los aparatos, las computadoras tuvieron que implementar medidas drásticas de seguridad, encriptar las comunicaciones y el almacenamiento de datos; mucho software se ha tenido que rediseñar para acatar la ley y se crearon industrias para el desecho seguro de la información, entre otras cosas.

Cada punto de entrada el ecosistema de la tecnología tiene repercusiones en las cuatro áreas restantes. Lo mismo sucede en el ministerio de la iglesia. He aquí mi segundo ejemplo.

¿Cómo decide una iglesia que su culto sea el domingo a las 10:00 am? En realidad, no lo sé. Puede que sea por costumbre, por consenso o por una decisión informada por una investigación detallada. No importa. Lo importante es que el culto se ha fijado a una hora exacta. No pensamos en esto como una política pero lo es.

El Diccionario de la Lengua Española define las políticas como directrices que rigen la actuación de una entidad.[4] A partir de la decisión del horario, el resto de las actividades se tienen que alinear.

- En cuanto a las personas, el pastor tiene que preparar su mensaje antes del domingo, los músicos y cantores tienen que ensayar las canciones para la adoración, los diáconos tendrán que comprar los elementos de la comunión, los ujieres saber los detalles para recoger las ofrendas.

- En cuanto a los sistemas, el pastor puede que use software para el estudio bíblico y la Internet para leer los temas de actualidad que piensa traer el domingo; los músicos y cantores coordinan el uso de los sistemas de sonido y audiovisual, acceden a las partituras con la música, y siguen algún método de planificación y dirección; los diáconos necesitan la tarjeta de compras y saber reportar los gastos; los ujieres ensayan el recorrido del dinero para garantizar la seguridad y el conteo exacto.

- En cuanto a los procesos, hay procesos de coordinación, planificación, calendarización de actividades, manejo efectivo del presupuesto y las finanzas que se tienen que amarrar con una buena comunicación. De hecho, los procesos deben ser tan efectivos como para cambiar la cultura organizacional de la iglesia.

- En cuanto a los aparatos, estos son más obvios. Tenemos los micrófonos, las bocinas, las consolas, las luces, y los retroproyectores. Los cables que conectan, los atriles que soportan, los instrumentos musicales que suenan. Pero también usamos cubos para las ofrendas, vasos y platos para la comunión y, en iglesias históricas, otras cosas como incienso e incensarios, altares y manteles, que son parte de cada culto dominical.

¿Qué pasaría si la iglesia decide cambiar el culto de horario y moverlo al día viernes por la noche? ¿Cómo sabríamos si el cambio de horario favorece al ministerio de la iglesia? Todas las otras áreas se afectarían.

Es más, la tecnología como red interconectada se encuentra en el contexto más amplio de la cultura.

Por ejemplo, es probable que un viernes por la noche, en la cultura occidental del empleo, sea el peor horario para el servicio. Disminuiría la asistencia, la participación, y los ingresos por concepto de diezmos y ofrendas. Esto tiene un sinnúmero de otros efectos.

Toda decisión de tecnología en el ministerio de la iglesia debe considerar cada una de estas cinco áreas. Cada proceso de madurez tecnológica debe buscar un balance de estas cinco áreas en el camino de su crecimiento. Este tema lo retomaré en el **Capítulo 7**.

Nota aparte, si la iglesia o instituto bíblico mantiene información personal de sus feligreses o estudiantes, necesita cumplir con los requisitos de una ley similar a HIPAA conocida como la Ley de Derecho Educacional y de Privacidad o FERPA (por sus siglas en inglés, *Family Educational Rights and Privacy Act*).

El propósito de la tecnología

El filósofo alemán Martin Heidegger, propone las siguientes dos definiciones de la tecnología: la definición instrumental que dice que "la tecnología es un medio para conseguir un fin," y la definición antropológica que establece que "la tecnología es una actividad humana." Según Heidegger, estas dos definiciones se complementan mutuamente para darnos a conocer qué es la tecnología en realidad.

A tal efecto, él escribe:

> La manufactura y la utilización de aparatos, herramientas y maquinarias, los productos de tal manufactura y su utilización, y las necesidades y propósitos que sirven, todas estas cosas pertenecen a lo que la tecnología es.[5]

En la sección anterior, he definido la tecnología desde el punto de vista humano. De hecho, el modelo de tecnología que presenté comienza por las personas y continúa con las actividades humanas de sistematizar, procesar y regular el uso de los aparatos. Estos son los medios para conseguir un fin.

Pero la definición de la tecnología no estaría completa si no considero también el asunto del fin que se persigue por esos medios. Es decir, el propósito, la finalidad o el "qué" de la tecnología.

El "qué" de la tecnología cumple con un propósito tripartito o en tres dimensiones. Me gusta referirme a este propósito tripartito como la "trilogía de la tecnología."[6]

La trilogía de la tecnología consiste de estrategia, táctica e inteligencia.

La estrategia de la tecnología tiene que ver con el propósito último, o el "para qué." La táctica de la tecnología tiene que ver con las operaciones en su contexto o el "cómo" y el "dónde." Y la inteligencia de la tecnología consiste en medir "cuándo" se logran los resultados y la subsecuente toma de decisiones.

La inteligencia también tiene el propósito de refinar la fórmula que permita repetir la combinación de estrategia y táctica para conseguir los mismos resultados cada vez que se pongan en marcha.

Quiero referir cada una de estas dimensiones de propósito en términos de la finalidad o el "qué." Y lo voy a hacer siguiendo un ejemplo de la Biblia.

Los evangelios narran que en varias ocasiones Jesús se dirigió a las multitudes a orillas de algún lago. Marcos 4:1, por ejemplo, lee:

> De nuevo comenzó Jesús a enseñar a la orilla del lago. La multitud que se reunió para verlo era tan grande que él subió y se sentó en una barca que

estaba en el lago, mientras toda la gente se quedaba en la playa.

Otros pasajes confirman esta práctica de Jesús (Mateo 13:1-2; Marcos 2:13; Marcos 3:7-9; Lucas 5:1-3). Cuando la gente salía para verle, Jesús se subía a una barca y la retiraba de la playa. De esta manera su voz se proyectaba sobre la superficie del agua y por una diferencia en las capas de aire y el desnivel del terreno, podía ser escuchado por la multitud. Esto ha sido estudiado como una técnica que tenía claros fines acústicos y se ha comparado con el diseño del anfiteatro griego.[7]

Entonces el "qué" de Jesús era que la gente escuchara el mensaje que quería comunicar. Esto tiene sentido porque el oír el mensaje de Cristo es lo que genera fe en el corazón de las personas tal y como nos dice Romanos 10:17.

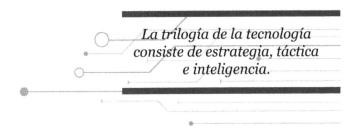

La trilogía de la tecnología consiste de estrategia, táctica e inteligencia.

Veamos cómo funciona la trilogía de la tecnología en este contexto.

- En cuanto a la estrategia, es claro que Jesús tenía un propósito mucho más elevado que el mero hecho de ser escuchado. Jesús quería comunicar su mensaje del evangelio del Reino y dar las buenas noticias de salvación. Quería enseñar a la gente y ganar seguidores. En el pasaje de Marcos 4, Jesús les enseño el valor de la palabra de Dios, que se siembra en buenos corazones para que madure y dé mucho fruto en la vida de quienes la practican.

- En cuanto a la táctica, notamos que el método de Jesús es consistente. Iba a la rivera del lago, escogía una barca, hacía que se la retiraran de la playa, y comenzaba a instruir a la gente con parábolas y alegorías. Sabemos que consiguió que muchos le siguieran al escucharle, incluyendo a Mateo (Marcos 2:14), Pablo, Jacobo y Juan (Lucas 5:8, 10) a quienes escogió como apóstoles.

- En cuanto a la inteligencia, no podemos asegurar que los evangelistas usaran modelos de evaluación para medir los resultados de los métodos empleados por Jesús. Aún así, por los pasajes que he referido antes, podemos saber que el crecimiento numérico era importante. Hay referencias a "mucha gente" (Mateo 13:2), "muchos que le habían seguido" (Marcos 2:15) y que había "sanado a muchos" (Marcos 3:10). Tuvo la oportunidad de relatarles "muchas parábolas" (Marcos 4:33) y hablarles "muchas cosas" (Mateo 13:3) con el propósito de que diesen fruto y produjeran "a ciento, a sesenta y a treinta por uno" (Mateo 13:23).

Resumiendo: el "qué" de Jesús fue que escucharan su mensaje, el "para qué" fue para enseñarles, conseguir seguidores y sanarles, el "cómo" fue la metodología que utilizó y "donde" la utilizó, y el resultado sucedió "cuándo" las multitudes le escucharon y le siguieron en gran número.

En tu ministerio deben estar presentes los tres componentes de la tecnología. El elemento estratégico debe preceder al táctico. Esto quiere decir que debes responder al "qué" y al "para qué" antes de saber el "cómo" y el "dónde." O sea, antes de decidir dónde ubicar un proyector debes definir qué quieres lograr con ese proyector y por qué quieres usarlo. Antes de decidir cuál sistema vas a usar para manejar la membresía de la iglesia, debes definir qué propósito ministerial pretendes alcanzar (por ejemplo, proveer mejor cuidado pastoral o conocer a tu feligresía).

Una vez que pasas por el proceso de implementación, debes evaluar para saber si lo que hiciste valió la pena y produce los resultados deseados (por ejemplo, te preguntas si el sistema para ofrendar por texto ha mejorado los ingresos o si el cambio de horario incrementó la asistencia y la participación).

Toda iniciativa de madurez de la tecnología debe responder las interrogantes acerca del objetivo último, articular las motivaciones, definir los procedimientos y medir la efectividad a cada paso. Tu plan de tecnología debe considerar la estrategia, la táctica y la inteligencia.

La tecnología en el ministerio

Entender el propósito de la tecnología es importante no sólo como un complemento de su definición, sino como la base para poder responder la pregunta ¿por qué debo usar la tecnología en el ministerio?

Primero que nada, es imposible hacer ministerio sin tecnología. Esto es cierto desde tiempos inmemorables. La Biblia contiene muchos ejemplos del uso de la tecnología con fines ministeriales, de los cuales me gustaría citar algunos.

Las formas más rudimentarias de adoración, que comienzan a aparecer en el primer libro de la Biblia, incluyen el sacrificio de animales sobre un altar (Génesis 4:4). Para ello, el hombre tuvo que hacer uso de objetos para sacrificar a las víctimas, haber desarrollado un dominio del fuego y levantar altares de piedras.

El mismo capítulo 4 de Génesis nos dice que Jabal fue el primero en habitar en tiendas y criar ganado; Jubal fue el creador de los primeros instrumentos musicales de viento y cuerda; y Tubal-caín fue herrero y "forjador de toda clase de herramientas de bronce y hierro" (Génesis 4:19-22).

En el desierto, el pueblo de Israel tuvo que emplear una serie de habilidades técnicas para construir el tabernáculo con tecnología móvil bajo la dirección de Bezaleel y Aholiab (Éxodo 31:1-11; la descripción de estas tareas ocupa gran parte del libro).

Es imposible hacer ministerio sin tecnología.

Dios le entrega a Moisés la ley escrita en las primeras tabletas creadas para leer la palabra de Dios y estas se guardan en un estuche especialmente creado para ellas (Éxodo 31:18; 32:15; 34:1-28). Una miniréplica evocando el arca del pacto debía llevarse atada en la mano y en la frente, y pegarse al marco de las puertas en lo que se conoce como una mezuzá hasta nuestros días. Adornada con la primera letra hebrea de Deuteronomio 6:4-9 (*shin*), contiene el primer gran mandamiento como recordatorio de los otros nueve.

También en el pentateuco, leemos cómo la institución del sacerdocio aarónico concuerda con mi organización de la tecnología en cinco áreas:

- **Personas**: Aarón y sus hijos estaban encargados de manera exclusiva de todas las labores sacerdotales.

- **Sistemas**: Los ciclos de los sacrificios, el incienso, la unción y los panes sin levaduras al igual que el transporte del santuario son microsistemas de las actividades del tabernáculo.

- **Procesos**: El lavamiento de los sacerdotes y el ofrecimiento de los sacrificios durante las fiestas especiales se detallan paso a paso, entre otros procesos.

- **Políticas**: La descripción de las regulaciones que se deben seguir en las actividades de adoración son minuciosas; el libro de Levítico ahonda más en ellas.

- **Aparatos**: Hay un gran número de utensilios, altares, cofres, mesas, vasijas, incensarios, lámparas y vestiduras. La Biblia hasta hace un inventario exhaustivo de estas cosas.

El rey David reformó el sistema de adoración haciendo que la música fuese parte integral del culto a Dios. Además de que fue un músico talentoso tocando el arpa (1 Samuel 16:16), compuso salmos y canciones, formó una coral (1 Crónicas 23:5; 25:1, 6, 7) e inventó varios instrumentos musicales (2 Crónicas 7:6).

Los profetas utilizaron muchas referencias tecnológicas como metáforas para expresar la palabra de Dios. Ya mencioné la forma en la cual Jesús muestra un dominio de la acústica y de la pedagogía de las parábolas. De igual manera, los apóstoles pudieron cumplir con la comisión gracias a la explosión tecnológica que experimentaba el Imperio Romano en asuntos de transporte y comunicaciones. Es bien sabido que Pablo, además, fue un experto en el arte de fabricar tiendas, labor que le permitió sostener la predicación en todo el mundo conocido.

Como puedes apreciar, la tecnología impregna múltiples áreas del ministerio bíblico. Por razones de espacio, no puedo estudiar todas las referencias de la tecnología en la Biblia, eso es objeto de otro libro. Pero lo que sí puedo hacer es usar algunas de estas referencias para esbozar algunos propósitos de la tecnología en el ministerio.

En las referencias que hemos citado, la tecnología se usa para las siguientes labores del ministerio. Estas responden a la pregunta estratégica del "¿para qué?":

- Adorar a Dios y no a la tecnología
- Atraer a otros al mensaje de Jesús
- Conseguir seguidores de Jesús
- Enseñar a los seguidores Jesús
- Servir al pueblo de Dios
- Sanar a los enfermos del cuerpo y del alma
- Organizar y financiar las labores del ministerio

Utilizamos la tecnología en el ministerio porque deseamos "que" la gente escuche la palabra de Cristo por todos los medios posibles, "para que" puedan adorar a Dios, sean atraídos a Jesús, se conviertan en sus seguidores, aprendan a vivir la vida cristiana, sirvan a los demás, sanen y restauren a otros al mismo tiempo que lo hacemos de manera organizada y coordinada. Esto puede tomar varios matices en la práctica.

La tecnología impregna múltiples áreas del ministerio bíblico.

Más que concentrarnos en comprar los aparatos audiovisuales más poderosos, debemos enseñar y fomentar la adoración en el verdadero sentido bíblico.

Más que construir y mantener un sitio web, debemos establecer una presencia digital integrada de impacto para alcanzar a la gente.

Más que enviar un mensaje esporádico de invitación a un evento especial, debemos fortalecer las relaciones con la comunidad local y virtual.

Más que comunicar las actividades regulares de la iglesia, debemos buscar expresar con claridad la visión de los líderes y permanecer conectados con los miembros de la congregación.

Más que ocuparse en la producción sucesiva de servicios semanales, debemos dedicar tiempo para investigar, en línea y mediante encuestas, acerca de las necesidades de los congregantes, para atenderles de forma más efectiva, sanarles y restaurarles.

Más que concentrar todas las actividades alrededor del edificio de la iglesia, debemos descentralizar la iglesia con pequeños grupos de diversa índole, abriendo la posibilidad de tener grupos exclusivos en línea por programas de videoconferencia.

Lo importante es mantener los propósitos ministeriales en su debida prioridad, por familiares que nos parezcan. Aunque son propósitos sencillos, se pueden perder de vista con facilidad cuando nos dedicamos a las labores cotidianas de la implementación y el manejo de la tecnología.

No podemos desenfocarnos del ministerio de la palabra y sus propósitos fundamentales. Hay que articularlos de forma expresa y mantenerlos en la perspectiva correcta.

Todo programa de madurez tecnológica debe permanecer arraigado en la buena tierra de los propósitos ministeriales para poder fructificar. Pero antes necesitamos tener un modelo de madurez apropiado. Exploremos algunos modelos de madurez en el siguiente capítulo.

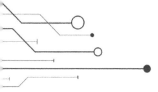

MODELOS DE MADUREZ

"Comienza – comenzar es la mitad del trabajo,
y deja pendiente la segunda mitad; luego
comienza la segunda mitad y habrás entonces
terminado."

– DÉCIMO MÁXIMO AUSONIO.

A sesoraba a una universidad cristiana cuando noté un gran desperdicio de recursos. El sistema de almacenamiento central de información de alto rendimiento estaba siendo utilizado para guardar documentos y fotografías personales. Para sorpresa de los directores del departamento, los archivos de interés institucional eran la excepción.

No quiero aburrirte con los detalles técnicos pero sí quiero poner las cosas en proporción. En el momento de escribir este libro, un disco duro externo con capacidad para guardar 1 TB de información cuesta menos de $100.00. La misma capacidad de 1 TB en el sistema de alto rendimiento que la universidad había comprado costaba cerca de los $10,000.00. ¡Cien veces más! El sistema completo costó más de medio millón de dólares.

Era como si hubiesen comprado un Lamborghini para manejar tres horas en el tráfico pesado de la autopista 405 de Los Ángeles.

Me dirigí al entonces gerente de infraestructura de tecnología y le dije que debíamos cambiar la forma en la cual usábamos el almacenamiento central. Él estuvo de acuerdo conmigo.

El sistema de alto rendimiento, con sus discos duros de fibra óptica, sus computadoras dedicadas a procesar información a altas velocidades y su poderosa capacidad de conexión a las redes no podía desperdiciarse guardando las fotos del gato de Petra, que, dicho sea de paso, sólo las miraba a veces, cuando Antonio le mostraba las de su perro.

Este costoso sistema estaba diseñado como plataforma para las bases de datos y la virtualización de los sistemas operativos, los cuales están siempre en línea, sirviendo los datos administrativos y educativos de la universidad.

Comencé por escribir una propuesta de proyecto. Para ejecutarlo, necesitábamos hacer una inversión de casi $300,000.00 para convertirlo en un sistema 100% redundante. Esto significaba que necesitábamos el doble de todo. Dos discos por cada uno que había, dos generadores de poder, dos interruptores de redes, dos tarjetas de red por cada servidor, dos... dos... dos. No podíamos permitir que hubiese un punto único de falla.

El proyecto fue aprobado y pronto dimos manos a la obra.

Se adquirieron los aparatos necesarios y se fue convirtiendo el sistema de almacenamiento central en un sistema 100% redundante. Luego se comenzó a migrar cada computadora que utilizaban disco duro local al almacenamiento central. Primero migramos los sistemas pequeños y menos críticos uno por uno. Seguimos con los sistemas medianos y finalmente movimos los sistemas críticos que manejan toda la data de la universidad.

Registros estudiantiles, admisiones, cuentas por pagar, finanzas, nómina y muchos otros; el propósito era virtualizar y consolidar cada sistema en la plataforma nueva. La migración de cada sistema se convirtió en una meta. Para alcanzar cada meta, implementamos técnicas que progresivamente requirieron mayor compromiso de nuestra parte.

Las metas son muy importantes. Las metas son marcadores de ruta que te permiten reconocer tu progreso. Las metas te enfocan y te motivan.

Llevé un registro detallado de todos los sistemas que se fueron moviendo. Luego seguí por implementar estándares de instalación, de configuración, de monitoreo de sistemas y notificación de problemas.

Con cada sistema que se movía se aceleraba el proceso. La migración de todos los sistemas de la universidad tomó siete años.

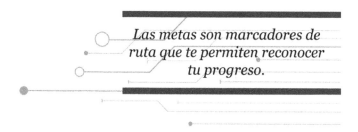

Las metas son marcadores de ruta que te permiten reconocer tu progreso.

Más de cien sistemas después; más de cuarenta bases de datos; luego de obtener 100% de redundancia; 100% de virtualización; puedo decir que valió la pena. Pudimos disminuir el riesgo de fallas a menos del 0.1% y ahorrarle a la universidad cientos de miles de dólares en costos operativos. Nos habíamos sometido a un proceso de madurez tecnológica que comenzó con un propósito definido y metas muy claras.

Madurez de la vida

Aunque hablar de modelos de madurez de tecnología es bastante común en informática, me alarma la sorpresa de los líderes cristianos al mencionar el tema. Con frecuencia me encuentro tratando de explicarles por qué es necesario madurar y tener un modelo de madurez tecnológica para saber madurar.

La vida tiene un modelo de madurez que aprendemos en biología elemental: todo ser vivo nace, crece, se reproduce y muere. Hay clasificaciones aún más detalladas con todas las etapas de la vida. En realidad, todo lo que tiene vida, todo aquello cuyo propósito es dar fruto, necesita un modelo de madurez.

Por ejemplo, la niñez consiste de cuatro etapas: La infancia va de los 0-4 años de edad. El párvulo es el niño de edad escolar temprana, de 4-7 de edad. Luego sigue la pre-adolescencia, entre los 7-12 para dar paso a la adolescencia o etapa puberal, entre los 13-20.

Cada etapa tiene sus características distintivas y viene con sus problemas propios de la edad.

Todas las etapas conducen a la capacidad reproductora de la edad adulta. Sólo los adultos pueden procrear. Sólo las personas maduras pueden ser padres y madres en todo el sentido de la palabra.

Madurez de la tecnología

Lo mismo aplica a la tecnología. Para que las tecnologías ministeriales den mucho fruto, necesitas un modelo de madurez.

Tener un modelo de madurez tecnológica es esencial para crecer. Un modelo de madurez nos coloca en perspectiva, nos permite saber dónde estamos y nos estimula a alcanzar nuestro máximo potencial.

Un adagio empresarial dice: "Lo que se mide es lo único que se maneja." Un componente crucial para desarrollar un modelo de madurez es poder medir el progreso. Un buen modelo de madurez nos dejará saber por dónde comenzar y por dónde continuar. Nos dirá cuáles son los marcadores de ruta – las metas – que nos permitirán reconocer y hasta celebrar nuestro progreso.

Existen varios modelos de madurez que provienen del estudio de la tecnología. Quiero revisar cuatro modelos en esta sección, manteniendo estos cuatro propósitos en mente:

1. Informarte acerca de modelos existentes en la industria. Con esto pretendo expandir tu conocimiento sobre el tema y exponerte a una nueva dimensión de posibilidades.
2. Proveerte de un vocabulario común. Cuando entrenaba en la escuela técnica acostumbraba decirle a mis estudiantes: "El 50% de aprender una tecnología nueva es aprender su vocabulario." No tengo manera científica de probarte que es el 50%, pero creo que agarras la idea.
3. Observar como cada modelo define el proceso de la madurez. La madurez como proceso es común a todos estos modelos porque cada paso te acerca un poco más a la realidad que quieres ver; una forma de "predecir el futuro" si se quiere ver así.
4. Destilar los cinco principios de la madurez tecnológica que son comunes a cada uno de estos modelos. Los principios son universales y aplican también a la madurez tecnológica del ministerio.

El primer modelo proviene del libro de William L. Nolte, *¿Te he hablado acerca de la ballena? O midiendo la madurez de la tecnología* (del título en inglés *Did I Ever Tell You About the Whale? Or Measuring Technology Maturity*). Este libro es, si no el más completo, uno de los más completos que conozco sobre el tema.

Nolte propone una intuitiva metáfora biológica de siete etapas para alcanzar la madurez tecnológica: Concepción, nacimiento, niñez, adolescencia, adultez, madurez, y vejez. En vista de que algunas tecnologías tienden a sucumbir cuando se hacen obsoletas, luego añade dos etapas más: senilidad y muerte.[8]

La ventaja de este modelo es que usa un proceso familiar. Todos quienes vivimos entendemos este ciclo de la vida y conocemos estas transiciones. Nolte lo aplica a la tecnología. Toda tecnología comienza con la concepción de las ideas, su nacimiento, cuando las llevas a un estado de producción por vez primera; su crecimiento, cuando se adoptan; y su nivel de máxima capacidad en la madurez.

Otro de los modelos más utilizados en la industria del software es el *Modelo de Madurez de Capacidades*, o CMM (*Capability Maturity Model*, por sus siglas en inglés).

El CMM fue creado como una respuesta del Instituto de Ingeniería de Software de la prestigiosa Universidad Carnegie Mellon. Establece el concepto de madurez de procesos de software como:

> "el grado al cual un proceso específico de manera explícita se define, gerencia, mide, controla y es efectivo. La madurez implica un potencial para crecer en capacidad e indica tanto la riqueza de los procesos de software de una organización y la consistencia con la cual se aplica a todos los proyectos de dicha organización."9

Nota algunas cosas importantes. La madurez de la tecnología tiene dos dimensiones en este modelo. La primera es crecer en cantidad: crecer en número de capacidades. La segunda es crecer en calidad: consistencia y reproducibilidad, mejores programas o mejor experiencia ministerial. Hablé de esto en el **Capítulo 2**.

La madurez de capacidades implica un progreso en las facultades del software. Un software que madura puede rendir máximos resultados. De acuerdo a este modelo, hay cinco niveles de madurez y cuatro procesos controlados que te ayudan a pasar de un nivel a otro:

1. Inicial
   con un proceso de disciplina se convierte en…
2. Repetible
   con un proceso consistente y estándar se convierte en…
3. Definido
   con un proceso de acciones predecibles se convierte…
4. Gestionado
   con un proceso de mejorías continuas se convierte en…
5. Optimizado

El beneficio de este modelo tiene que ver con su énfasis sobre la gerencia, la evaluación y el control. Tus programas de tecnologías ministeriales no van a madurar por inercia propia, requieren de tu participación explícita para definir la madurez, cómo la planeas alcanzar y qué resultados quieres obtener.

Otro modelo, el de la *Difusión de Innovaciones* de Everett Rogers, representa la innovación como una evolución en seis etapas[10]:

1. Problema o necesidad
2. Investigación básica
3. Desarrollo de soluciones
4. Comercialización de productos
5. Difusión y adopción
6. Consecuencias o efectos

Nota que en este modelo hay un reconocimiento de y un interés por el grado de transformación que la madurez de una innovación puede causar en el entorno social. Se dirige hacia los efectos de las innovaciones en el comportamiento humano.

Las etapas de estos modelos no necesariamente siguen un orden exacto. A veces se pueden intercambiar o sobreponer. Lo importante es que tengas, entiendas y sigas el modelo para que observes el progreso, permitas que los controles te retroalimenten para que hagas ajustes y consigas el fin deseado con mayor frecuencia.

El valor principal de este modelo es la innovación. Nos ayuda a conectar un problema o una necesidad con la secuencia de etapas que conducen a toda innovación tecnológica.

Con certeza has escuchado el dicho: "La necesidad es la madre de la inventiva." En realidad la frase viene del sacerdote, teólogo y pedagogo sajón de la Edad Media, Hugo de San Víctor, quien escribió: "La necesidad es la madre de la tecnología"[11] cerca del año 1100 d.C. Debe haber una línea directa de conexión entre tu tecnología ministerial y la necesidad que quieres atender, de lo contrario no habría madurez. La tecnología debe satisfacer una necesidad ministerial y mejor lo hará en la medida en que madure.

El último patrón que quiero mencionar es *El Enfoque Kerzner®* de madurez en la gestión de proyectos. Este modelo establece cinco niveles de madurez:

1. Lenguaje común
2. Procesos comunes
3. Metodología singular
4. Evaluación comparativa
5. Mejoría progresiva

Kerzner aplica las etapas de CMM a la Gestión de Proyectos en su libro del mismo nombre. Él reconoce que la gestión de proyectos es una actividad puramente humana, aunque sea asistida por la tecnología y aunque el resultado final sean productos tecnológicos.

Un modelo de madurez no regula el funcionamiento de la tecnología sino el comportamiento humano.

De nuevo, un modelo de madurez no regula el funcionamiento de la tecnología como tal sino el comportamiento humano. Quienes necesitamos madurar somos nosotros en nuestras interacciones con la tecnología. Es por eso que necesita madurar nuestro vocabulario, nuestra manera de hacer las cosas, nuestros métodos, nuestra capacidad de evaluar la madurez y de observar en el mundo real resultados reales.

El beneficio de este modelo es su énfasis en las personas como receptoras y administradoras de la madurez, como también mencioné en el capítulo anterior.

Entonces, un modelo apropiado de madurez es, según Nolte, intuitivo, progresivo y te ayuda a entender el crecimiento; según CMM, controlado y evaluado; según Rogers, innovador pero arraigado en la necesidad; y según Kerzner, de la gente y para la gente.

Todos estos elementos deben estar presentes al desarrollar un modelo de madurez de tecnología ministerial para que sea apropiado y pertinente. Las personas a cargo de la tecnología en el ministerio, incluyendo al pastor y a sus directivos, necesitan seguir un modelo intuitivo, progresivo, controlado, evaluado e innovador.

Paralelos

Yo sé que estoy tratando el tema de la madurez de la tecnología, pero me interesan mucho los paralelos que existen con la madurez individual e institucional. La razón es que la madurez también aplica a la vida cristiana y al desarrollo del ministerio de la iglesia.

Pienso que cuando encontramos paralelos, estos afirman tanto la necesidad como la validez de un modelo de madurez. Es por eso que quiero que consideres por un momento la madurez de tu llamado: También tu llamado pasa por etapas de madurez.

Jeff Goins desarrolla este tema con destreza en su libro *El Arte de la Obra* (del título en inglés, *The Art of Work*). Él reconoce que el llamado o la vocación, el encontrar aquello único para lo cual fuiste puesto sobre la faz de la tierra, o lo que él llama "la obra de tu vida" pasa por un proceso de varias etapas.

Al respecto escribe: "Hay un proceso para que puedas hallar la obra de tu vida. Aunque al principio te parezca caótico, el orden comenzará a emerger de ese caos."[12]

Entonces tu llamado comienza con caos y culmina con una obra de arte valiosa. Para desarrollar todo tu potencial, el llamado pasa por las siguientes siete etapas:[13]

1. Concientización
2. Aprendizaje
3. Práctica
4. Desarrollo
5. Profesionalismo
6. Maestría, y
7. Legado

Encontrar tu llamado no es algo puntual que sucede una sola vez y si no lo atrapaste te lo perdiste. Encontrar tu llamado es un proceso gradual. Encontrar y ejercer tu llamado es un proceso de madurez. Fíjate además que el ejercicio más alto de tu llamado es el poder dejar un legado a otros. Esto apunta de nuevo a la capacidad de fructificar y reproducir, tal como explicara en el **Capítulo 1**.

Puedes apreciar las similitudes y diferencias de estos modelos en la tabla comparativa de la **Figura 1** a continuación.

Modelo de madurez	Modelo biológico	Madurez de capacidades	Difusión de innovaciones	Gestión de proyectos	Madurez del llamado
Proponente	Nolte	Paulk	Rogers	Kerzner	Goins
Etapas	Concepción	Inicial	Necesidad	Lenguaje	Concientización
	Nacimiento	Repetible	Investigación	Procesos	Aprendizaje
	Niñez				Práctica
	Adolescencia	Definido	Desarrollo	Metodología	Desarrollo
	Adultez	Gestionado	Comercialización	Evaluación	Profesionalismo
	Madurez	Optimizado	Difusión	Mejoría	Maestría
	Vejez		Efectos		Legado

Figura 1: Comparación de modelos de madurez

A simple vista puedes notar algunas cosas:

1. Los modelos más completos tienen siete etapas.
2. Las etapas iniciales son para identificar la necesidad, concebir las ideas y definir un lenguaje común.
3. La madurez se identifica con el estado óptimo, la maestría y difusión o reproductibilidad, como he mencionado antes.

4. La madurez requiere de la gestión o intervención planificada, no se abandona al azar.

5. Las metas se definen con claridad en un proceso de madurez, puesto que el siguiente nivel de madurez es la meta del nivel anterior.

Principios de madurez

Existen muchos otros modelos de madurez disponibles. Una búsqueda de la frase "Modelo de madurez tecnológica" en Google retorna más de medio millón de resultados. Cada modelo adapta los principios de la madurez a una industria en particular o a una empresa humana común. A la fecha, ningún modelo se ha adaptado a la madurez de las tecnologías ministeriales.

Una de las genialidades del trabajo de Nolte, es que toma algunos de estos modelos de tecnología y los encaja dentro de su modelo biológico, dando una perspectiva más completa, a la vez que identifica algunas deficiencias de los modelos existentes.

Nolte indica que la mayoría de los modelos se dedican a las etapas iniciales de la tecnología, pero pocos han tratado la madurez en las etapas más avanzadas.[14] El mapa que presento en el siguiente capítulo pone en perspectiva y balance todas las etapas de la madurez tecnológica en el ministerio.

Otra cosa, hemos estudiados las bases bíblicas de la madurez (**Capítulo 1**) y algunos modelos de madurez tecnológica (**Capítulo 4**). Al analizar y compaginar la Biblia con estos modelos me doy cuenta de que hay algunos principios que rigen todo proceso de madurez, incluyendo la madurez tecnológica. Ahora podemos revisar estos principios que rigen la madurez incorporando ambas fuentes.

Los principios de la madurez tecnológica son:

El principio de substitución

La madurez se alcanza reemplazando alternativas de crecimiento donde hay actitudes negativas. Es vivir con aspiraciones. La mejor manera de madurar es sustituyendo cosas que haces en el presente por cosas típicas de la siguiente etapa.

Por lo general hacemos un mejor trabajo adoptando lo nuevo que dejando ir lo viejo. La substitución te permite, por ejemplo, utilizar tu sitio web y sistema de correo electrónico como modo primordial de comunicación para substituir los 10-15 minutos de anuncios durante el servicio de adoración. Otra idea podría ser pregrabar los anuncios en un video, haciendo que los ministerios piensen con anticipación lo que quieren comunicar.

El principio de transformación

La madurez busca cambiar el comportamiento humano en su interacción con el ambiente. La tecnología es una de las maneras principales que el ser humano utiliza en su interacción con el mundo material, de allí que la tecnología sea tan transformadora.

Cuando adoptamos un modelo nuevo y cesamos un modelo viejo hay repercusiones en las demás áreas de la tecnología. Las personas tienen que cambiar sus hábitos, los sistemas se tienen que rediseñar, los procesos y las políticas ajustar. Los aparatos se dan de baja y nuevos aparecen en la escena. Siguiendo con el ejemplo anterior, tal vez se necesite un sistema de mercadeo por correo electrónico en lugar de instalar altoparlantes en los pasillos.

El principio de vitalización

La madurez vivifica. Dar vida es una característica exclusiva de los seres vivientes. La tecnología en sí misma no tiene esta capacidad de producir vida, aunque sí de promoverla, protegerla y prolongarla. Es por eso que la tecnología puede ser un agente vital.

Es obvio que la tecnología funciona como agente vital en casos de tecnología de la salud: un marcapaso, un aparato de medir la presión arterial o un respirador mantienen la vida. En tu ministerio también habrá tecnología esencial. Es tu labor identificar de qué manera la tecnología en tu ministerio cumple una labor vital.

El principio de reproductibilidad

La madurez tiene como propósito la reproducción, dar fruto de carácter, de cantidad y de calidad. Las tecnologías deben crear mecanismos que inviten la capacidad creativa, la multiplicación y la excelencia en las funciones del ministerio.

Puede que sea obvio en nuestra mente pero no tan obvio en nuestra práctica. A veces nos quedamos casados con tecnologías ineficientes, que limitan nuestra capacidad reproductiva. Ciertas tecnologías facilitan la reproductibilidad fomentando la colaboración, la comunicación y el trabajo en equipo con tecnologías de productividad.

El principio de espiritualidad

La madurez es dirigida por el Espíritu Santo y tiene propósitos espirituales. Como hemos visto, la espiritualidad ha sido siempre mediada por la tecnología desde los antiguos tiempos bíblicos hasta nuestro presente. La madurez tecnológica puede facilitar y fomentar la madurez espiritual para ayudarte en tu devoción, hallar tu propósito en la vida, tu llamado, tu vocación y tu servicio al prójimo.

Existen varias aplicaciones móviles, por ejemplo, que pueden dirigir tu crecimiento espiritual, adherirte a ciertas disciplinas espirituales como la oración, la lectura y reflexión de la Biblia, instruirte en las doctrinas de la fe cristiana, y hasta conectarte con grupos de contabilidad en áreas de tentación o debilidades.

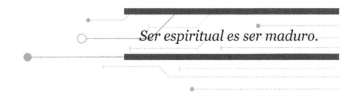

Ser espiritual es ser maduro.

Estos principios no son los principios de toda tecnología. La tecnología en sí misma no puede ser espiritual, por ejemplo. Los principios aplican a todo modelo de madurez, de manera que la madurez tecnológica puede incorporarlos.

Los cinco principios forman una jerarquía que va desde la base de la substitución hasta la cúspide de la espiritualidad. La substitución produce transformación. La transformación produce vitalización. La vitalización produce reproductibilidad. Y la reproductibilidad produce espiritualidad.

Piensa en esto por un momento: ¿es posible llegar a ser una persona madura sin substitución? En esto consiste inicialmente el arrepentimiento, en substituir el enfoque de tu vida para dejar de estar centrada en ti mismo y comenzar a centrarla en Jesucristo.

Pues bien, lo mismo sucede con la madurez de la tecnología. Puedes centrar tus esfuerzos en la tecnología misma o los puedes centrar alrededor de la misión de Jesucristo. A fin de cuentas, el enfoque lo es todo porque si ves a dónde vas, vas a dónde ves. Si cambias el enfoque hacia la vida espiritual, irás en pos de ella.

Cualquier modelo de madurez de tecnologías ministeriales debe entonces incluir estos cinco principios que tienen un fuerte fundamento bíblico al tiempo que movilizan las iniciativas tecnológicas en un círculo virtuoso, un ciclo de mejorías continuas para dar mucho fruto.

Hasta la fecha no se ha desarrollado un modelo de madurez de tecnologías ministeriales, es decir, un modelo que aplique los principios de madurez a la forma en la cual la iglesia y los ministerios cristianos utilizan la tecnología para promover su misión. Hoy quiero corregir esta carencia. Este es el tema del siguiente capítulo.

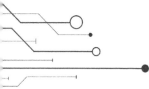

MAPA DE MADUREZ

Cada uno de nosotros crea una representación del mundo en el cual vivimos, es decir creamos un mapa que usamos para generar nuestras conductas.[15]

— BANDLER & GRINDER.

Las innovaciones, ya sean incrementales o transformacionales, se deben desarrollar; no suceden al azar.[16]

— CURTIS CARLTON & WILLIAM WILMOT.

Tengo buenos recuerdos de los campamentos de jóvenes. Los amigos que hice y las cosas que aprendí. Mis encuentros con Dios. Todas las experiencias fueron enriquecedoras. Pero nada activa más mis memorias que los juegos que jugué.

Recuerdo cuánto nos divertíamos jugando "El mapa del tesoro." Los jóvenes nos organizábamos en equipos llamados patrullas y éramos llevados a un área retirada de la zona de juego.

Los facilitadores preparaban el terreno con una serie de obstáculos que variaban en dificultad. Colocaban objetos que necesitábamos encontrar, algunos sobre mesas otros pegados en los árboles y otros atravesados en el suelo. También acordonaban las secciones más difíciles o escarpadas del terreno con sogas para guiarnos.

El propósito de la actividad era poder completar el recorrido en la menor cantidad de tiempo posible y llegar al final hasta encontrar "el tesoro" sin perder a ninguno de los miembros. Parece fácil, ¿cierto? Pero había una salvedad. Todos los integrantes de la patrulla estábamos con los ojos vendados, excepto uno. Y ese que podía ver, estaba restringido para no ver el terreno. Sólo podía ver... el mapa del tesoro.

De más está decir que el que podía ver el mapa era el capitán de la patrulla. Su labor era la de asegurarse que todo el equipo permaneciera unido mientras daba instrucciones de avanzada siguiendo el mapa.

Era súper cómico ver cómo los equipos seguían al capitán a ciegas y las distintas técnicas que se inventaban para poderse mantener unidos. Luego teníamos un tiempo para reflexionar y aprender los principios de la actividad.

Líder es quien ve el mapa

Líder es quien lleva a su organización a alcanzar sus metas. Líder es quien vela por los intereses de su equipo. Líder es quien tiene la visión del ministerio. Líder es quien ve el mapa.

Muchos a quienes llamamos líderes de nuestras iglesias y organizaciones cristianas no ven el mapa. Claro, es probable que sí vean el mapa de su visión y de la misión de la iglesia. Pero no ven el mapa de madurez de la tecnología y, por lo tanto, se pierden en buena medida de las oportunidades que la tecnología le brinda al ministerio. No les culpo. Hasta el momento no se ha desarrollado un mapa de madurez de tecnología para el ministerio.

La ausencia de un mapa de madurez de tecnologías ministeriales es una condición lamentable, tomando en cuenta todo lo que La Biblia dice acerca de la madurez. ¿Será por esta razón que muchos programas de tecnologías ministeriales son infantes e incapaces de fructificar? ¿Será por eso que muchos de nuestros líderes no entienden las ventajas de las tecnologías ministeriales?

No era suficiente para mí haberme percatado de ella. Me urgía ser parte de la solución. El modelo que voy a presentar a continuación es el resultado de veinte años de experiencia en el campo de la informática.

Dios me ha permitido refinar el modelo funcionando como agente de transformación tecnológica en una veintena de universidades e instituciones de educación cristiana.

He tenido la oportunidad de aplicar este modelo al ministerio cristiano en variedad de escenarios con excelentes resultados. He podido dirigirles a ver el mapa y a encontrar el tesoro.

Este capítulo explica el mapa de tecnologías ministeriales. Consiste de siete pasos para dar mucho fruto en tus iniciativas tecnológicas. Pero antes de explicar cada uno de estos siete pasos, quiero revisar los requisitos necesarios para alcanzar la madurez tecnológica. Estos deben permear cada uno de los pasos en la medida que se va progresando hacia una mayor capacidad de fructificar.

Requisitos de la madurez

En esto la experiencia es la mejor de las maestras. El trabajo como tecnólogo me ha demostrado que mover una organización de una etapa de madurez a la otra es arduo trabajo. La madurez tecnológica es mucho más compleja de lo que aparenta ser a simple vista y tiene requisitos de los cuales quiero mencionar algunos. Los siguientes requisitos son ineludibles para alcanzar la madurez tecnológica.

Requiere una visión clara del futuro

El mapa de madurez tecnológica busca estimular tu manera de pensar acerca de la tecnología para que puedas crear esa visión clara y entender el rol que la tecnología juega en el alcance de la visión.

Como líder, es imperativo que definas, escribas y comuniques la visión, no de los próximos dos meses o el próximo año, sino de los próximos tres a cinco años. No hables más de ella hasta que no estés claro y no la tengas por escrito.

Requiere una alineación estratégica

¿Cómo es que va el refrán popular? "Del dicho al hecho hay mucho trecho." Pues de la visón a la misión también. La alineación estratégica significa que lo que la iglesia hace (misión) se alinea con lo que la iglesia dice (visión). La alineación estratégica significa coherencia entre mensaje y propósito.

Es común encontrar instituciones con estrategias divorciadas. Están divorciadas de la visión cuando se dirigen a un lugar distinto de donde quieren llegar o dicen querer llegar. Están divorciadas de la misión cuando lo que hacen no coincide con lo que la Biblia dice que deben hacer ni con la visión que quieren alcanzar. Incluso están divorciadas con su identidad como organización, diciendo que son una cosa pero en realidad lo que hacen no les representa.

Como líder, es crucial que generes congruencia entre tu identidad, tu visión y tu misión corporativa. Esta congruencia se debe transferir a todo lo que hacen como organización. Tus valores, tus metas, tus logos y demás apariencia gráfica, tu página web, tus programas y tus proyectos, en fin, procura que todo se conduzca en completa alineación.

Requiere una buena gestión de proyectos

Cuando se establece esta concordancia estratégica se van a derivar varias metas que a su vez generarán varios proyectos. Los proyectos son las iniciativas concretas con límite de tiempo que van a producir un bien, un producto o un resultado. Hay proyectos de tecnología ministerial y hay proyectos ministeriales con un fuerte componente tecnológico. Algunos pueden incluso durar varios años. En cualquier caso, cada proyecto debe ser planificado y controlado con esmero y mucha atención a los detalles.

Como líder, es muy importante que establezcas para tus proyectos criterios de selección e iniciación, procedimientos de ejecución y control, y medidas de evaluación y cierre. Existe toda una disciplina para la gestión de proyectos con la cual recomiendo que estés familiarizado.

> *Como líder, es crucial que generes congruencia entre tu identidad, tu visión y tu misión corporativa. Esta congruencia se debe transferir a todo lo que hacen como organización.*

Requiere una buena gestión del cambio

A alguien escuché decir que Dios nos ama tal y cómo somos, pero nos ama tanto más, que no nos deja tal y como estamos. El evangelio es una empresa de cambio. Toda empresa de madurez es una empresa de cambio. Sin embargo, me sorprende lo poco que nuestros líderes entienden acerca de la gestión del cambio y hay tanto que aprender en esta área.

Como líder, necesitas ser protagonista y agente del cambio. La implantación exitosa de cambios dirigidos es un componente esencial de tu liderazgo. Como verás en el resto de este capítulo, una buena gestión del cambio te ayudará a pasar de una etapa a otra en tu proceso de madurez tecnológica.

Requiere una intención educativa

Aquí estoy en deuda con mi buen amigo Jairo Ospina, quien de paso me ayudara con la revisión de este libro. Él lleva años trabajando en la gerencia de proyectos de tecnología para varias instituciones educativas y entiende que "toda gran iniciativa tecnológica demanda cambios en la cultura organizacional, y todo cambio requiere cierto nivel de esfuerzo educativo." Es decir, todo proceso de cambio cultural requiere reeducar a la gente.

Como líder, tu función es la de un educador. En esto debes ser bien intencional. La educación es tu aliada para cambiar los hábitos organizacionales, transformar la cultura de trabajo, estimular la productividad y animar a quienes diriges a madurar.

Requiere una evaluación continua

La evaluación es lo que te mantendrá a cuentas durante todo el proceso de madurez. La evaluación, además, amarra todos los demás requisitos. Me refiero a que la evaluación te permitirá saber si tu visión es clara y ha sido entendida por los miembros de tu equipo, organización o congregación. La evaluación te dejará ver si tu estrategia está alineada, si tus proyectos se completan a tiempo y dentro del presupuesto, si el cambio obtenido es el deseado y es el resultado de tu gestión y si tus iniciativas educativas le permiten a la gente crecer.

Como líder, es fundamental evaluar cada paso con regularidad y analizar los resultados de tu evaluación para tomar decisiones acertadas. He dedicado el **Capítulo 8** a la evaluación de la madurez.

7 Pasos para dar mucho fruto

El siguiente mapa de madurez consiste de siete pasos. Cada uno de estos siete pasos hacia la madurez tecnológica es como una marca de crecimiento en el dintel de la puerta o un marcador de ruta. Son etapas de desarrollo o estadías de progreso.

Tus iniciativas tecnológicas pueden comenzar a madurar mediante la planificación. Pueden dar evidencia de crecimiento al dar estos pasos o recorrer estas etapas. Incluso, puedes medir el crecimiento de forma tangible si tomas el tiempo para la evaluación.

A cada paso de este modelo, incorporaré indicadores de progreso. Estos te ayudarán a visualizar tu crecimiento para que puedas, llegado el tiempo, celebrar así tus logros.

Paso #1: Iniciar

Iniciar es comenzar. Es el estado cero o la primera etapa. Es el tiempo de tomar la decisión de comenzar. Los inicios de toda implementación de tecnología están caracterizados por cuatro elementos:

- Ignorancia,
- Incertidumbre,
- Incompetencia, e
- Inocencia.

No podemos permitir que ninguno de estos elementos nos hagan sentir mal o menospreciados. Yo sé que por lo general la ignorancia o la incompetencia tienen connotaciones negativas, pero no debe ser así, y te aseguro que yo no le asigno esa connotación negativa en este contexto.

La ignorancia dice: no sé qué aprender. La incertidumbre dice: no sé qué esperar. Ambos son componentes normales de todo inicio.

Por ejemplo, tal vez antes de comenzar a leer este libro no sabías de la madurez tecnológica. Estabas en ignorancia. Ahora ya sabes que hay tal cosa como la madurez tecnológica. Aunque no eres un experto en procesos de madurez de tecnología, ya no estás en ignorancia porque ya sabes que tal cosa existe. Ahora puedes ser proactivo y, si es de tu interés, madurar en ese conocimiento.

De la misma forma, puede que des los primeros pasos en ese proceso de madurez tecnológica y no sabes si vale la pena el esfuerzo o cómo va a resultar porque hay muchas cosas inciertas, pero irás ganando confianza en la medida en que progreses. Así lo ignorado se convierte en conocido y lo incierto en certeza.

Los viejos acostumbran a decir: "Nadie nació sabido." Debemos superar la ignorancia y la incertidumbre si queremos fructificar y permanecer. Superamos la ignorancia y la incertidumbre en esta etapa inicial.

Salir de la ignorancia es esencial para evitar un final infeliz. Por eso el mismo Dios dijo:

Oseas 4:6: "pues por falta de conocimiento mi pueblo ha sido destruido."

Si ya sabes que no sabes algo, pero sabes que no lo sabes, ya no es ignorancia. Ya puedes tomar cartas en el asunto. Si das los primeros pasos y te das cuenta que el modelo te sostiene, afirmas tus convicciones de que en los siguientes pasos también te sostendrá.

En los inicios también se deben tomar decisiones de no aprender y de no practicar. La decisión de no aprender acerca de un tema no es ignorancia, sino incompetencia. La decisión de no practicar algo tampoco es ignorancia, sino inocencia.

La incompetencia dice: Ya sé que no sé, pero no me interesa aprender. La inocencia dice: Ya sé que no sé, pero no me interesa practicarlo. Ambos son componentes más maduros de esta etapa inicial porque ambos implican una toma de decisiones.

Está bien si no te interesa saber sobre un tema, si ese tema no está en la línea de la madurez que deseas alcanzar. La incompetencia que resulta de una decisión de no aprender es madura.

Tampoco quieres ser maestro de lo indebido. El apóstol dijo:

Romanos 16:19: "quiero que sean sagaces para el bien e inocentes para el mal."

Es decir, está bien si permanecemos inocentes en cuanto a hacer lo malo. Está bien si permanecemos incompetentes en otras áreas que no nos llevan a la madurez que buscamos. Está bien si permanecemos incompetentes en los niveles más altos de la madurez, siempre y cuando esa sea una decisión intencionada y nos permita ser ministros eficaces.

> *La ignorancia dice:*
> *no sé qué aprender.*
>
> *La incertidumbre dice:*
> *no sé qué esperar.*
>
> *La incompetencia dice:*
> *no me interesa aprender.*
>
> *La inocencia dice:*
> *no me interesa practicarlo.*

Si tu programa de tecnología se encuentra en esta etapa, tienes que responder entonces a cuatro preguntas:

1. ¿Qué tenemos que aprender?
2. ¿Qué nos causa incertidumbre?
3. ¿Qué no tenemos que aprender?
4. ¿Qué no vamos a hacer?

Si puedes articular respuestas completas a estas preguntas, tus inicios serán más sólidos y... habrás recorrido la mitad del camino.

La etapa inicial produce sentimientos de indiferencia y hasta de retraso. Tal vez no reconozcamos que estamos en esos inicios pero sí hemos comenzado a notar que nuestra tecnología se envejece, es decir, nos retrasamos en nuestras habilidades técnicas, los sistemas obstaculizan en lugar de facilitar, los procesos se hacen lentos, las políticas inadecuadas y los aparatos obsoletos.

Por fin nos damos cuenta que nuestros ministerios no avanzan y necesitamos un cambio. Es probable que seamos indiferentes a los comentarios de los demás o a las necesidades de aquellos a quienes estamos llamados a servir. Ellos se encuentran en una cultura digital, pero nosotros permanecemos en una cultura análoga.[17] El solo hecho de concientizar esto nos mueve hacia el iniciar.

Se puede madurar más allá del iniciar cuando nos exponemos a lo desconocido. Aprende. Mantente leyendo, rodéate de las personas correctas y asiste a conferencias y talleres. Haciendo esto eliminarás la posibilidad de quedarte estancado y saldrás de la ignorancia al siguiente paso.

Paso #2: Indagar

Indagar inspira al aprendizaje. Es el estado siguiente al salir de la iniciación. Es cuando somos movidos por el ingenio y el hambre de aprender aunque aún permanezcamos distantes de las nuevas tecnologías. Durante este tiempo no podemos aprovechar todas las oportunidades que la tecnología nos puede abrir porque no sabemos. Es un tiempo de investigación y lectura. Buscamos recursos y opiniones. Le preguntamos a otros de qué se trata.

La indagación se acompaña de sentimientos de curiosidad y timidez. Tal vez no reconozcamos que estamos indagando pero sí notamos que nos atraen ciertas tecnologías y pensamos un poco en las posibilidades que estas pueden representar para el ministerio. Es probable que sintamos timidez de entrar o temor a lo desconocido o los resultados.

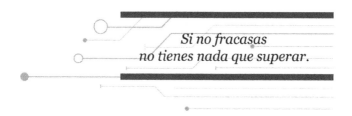

Si no fracasas no tienes nada que superar.

Se puede madurar de la indagación con la decisión de continuar aprendiendo y de abandonar el *estatus quo*, como señalé en el **Capítulo 2**. No dejes que el "siempre lo hemos hecho así," obstaculice tu deseo de explorar e informarte. Lleva el conocimiento que has adquirido – sea mucho o sea poco – a la práctica lo antes posible. Haz esto con frecuencia y sé consecuente y saldrás de la indagación al siguiente paso.

Intentar

Paso #3: Intentar

Intentar es atreverse a experimentar. Es el estado siguiente al salir de la intriga. Nos damos el permiso de probar y así nos damos cuenta que sí podemos. Descubrimos de paso que el campo es mucho más amplio de lo que pensábamos y tomamos decisiones de continuidad.

En esta etapa nos damos cuenta que cualquier iniciativa de tecnología debe ser sostenida a mediano plazo.

Es un tiempo de caos; de prueba y error. Durante este tiempo está bien equivocarse y rectificar. No permitas que el temor al fracaso te paralice. Date el permiso de fracasar. Vivimos en una cultura antifracaso pero la única forma de progresar es superando los fracasos. Si no fracasas no tienes nada que superar.

La etapa de la intención produce sentimientos de insatisfacción y a veces hasta de rechazo. Tal vez no reconozcas que tienes la intención pero sí notas que no estás satisfecho con lo que has aprendido hasta ahora, o con los resultados que estás teniendo. Incluso, es probable que pienses en rechazar la tecnología completamente y abandonar tus iniciativas. Eso es normal. En eso no estás solo.

Se madura la intención de forma intencionada.

La intención no basta. Se necesita una intervención para pasar a un nuevo nivel de madurez. Se madura la intención de forma intencionada, valga la redundancia, con un plan. Este es el paso donde se incorpora algo de planificación. Si tu iglesia o ministerio tiene planes de usar la tecnología en el ministerio, estás en esta etapa. Planes, no deseos. Los deseos pertenecen a la etapa anterior.

Ayudaría mucho en esta etapa si comienzas a establecer métodos efectivos de gestión de proyectos como lo describí en los requisitos, aunque lo típico es que estos se desarrollen más adelante en el proceso de madurez.

Ya sabes que la intención no basta. Es necesaria la acción. La primera acción a tomar es planificar. La segunda, seguir el plan. ¿Recuerdas? Comenzar y continuar para salir del intento al siguiente paso.

Paso #4: Implementar

Implementar es ejecutar tu plan. En esta etapa entendemos las posibilidades de la tecnología y creamos soluciones concretas a problemas del mundo real. Pasamos de la propuesta a la respuesta.

Es el tiempo cuando hacemos alianzas estratégicas con otros recursos para acelerar la utilidad y los resultados. Como en este punto ya has superado la ignorancia inicial (y haz decidido en qué áreas prefieres quedarte incapaz) y has experimentado lo suficiente como para superar tus fracasos, podrás con certeza identificar aquellos recursos que necesitas para complementar tu plan.

No tiene nada de malo contratar personal temporal para implementar tus planes. Está bien si consideras necesario contratar a un asesor de tecnologías ministeriales o de gestión de proyectos de tecnología. Está bien si contratas desarrolladores y consultores.

La implementación es una oportunidad adecuada para crear estándares y sistematizar tus procesos. Toma el tiempo para escribir las políticas y los manuales de procedimientos. No podemos menospreciar esta labor puesto que es el fundamento de las siguientes etapas de madurez de tecnología en el ministerio. Como verás en el **Capítulo 7**, esta es una de las áreas más deficientes de la tecnología en la iglesia.

La implementación produce sentimientos de retribución y de fascinación. Tal vez no reconozcamos que estamos en implementación pero sí notamos que nos sentimos conformes con algunos logros y nos atraen los resultados concretos de manera irresistible. Los logros son el combustible de las nuevas metas.

También puede generar falsas expectativas. Esto puede suceder al pensar que todo lo podemos resolver con tecnología. La tecnología no lo resuelve todo. La tecnología tiene sus limitaciones.

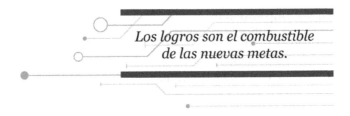

> *Los logros son el combustible de las nuevas metas.*

En muchas instancias, esas limitaciones son las que dan lugar a otras tecnologías. Si te encuentras en la frontera de las capacidades de cierta tecnología, documéntalas con detalle. Es posible que tu poder creativo se perfeccione en la debilidad de la tecnología presente. Podrás hacer algo al respecto si maduras hasta llegar al paso 7.

Muchos ministerios exitosos se quedan en este nivel, pero se puede madurar de la implementación al próximo nivel mediante la reflexión. Alguien dijo con razón que lo bueno es el peor enemigo de lo mejor. No te puedes quedar en lo bueno cuando hay otras personas esperando de ti lo mejor. Los éxitos tempraneros te deben impulsar a alcanzar los desafíos postreros. Hacemos esto llevando las experiencias de implementación de tecnología al ámbito de las ideas, de las lecciones aprendidas y de los procesos de mejoría de la productividad.

Idear

Paso #5: Idear

Idear es pensar. En esta etapa desarrollas patrones y modelos basados en tus propias experiencias pasadas.

Durante esta etapa, el ministerio se hace más flexible y resuelto. Se establecen prioridades más claras. Es recomendable que, si no se ha hecho aún, se inicie un proceso de planificación estratégica de tecnología que conduzca a definir metas concisas, y defina como adaptarse y a proyectarse al futuro.

La ideación es una etapa de profunda y profusa creatividad. Comienzas a crear tu identidad propia para distinguirte de los demás. Generas muchas ideas nuevas y aplicaciones únicas y especializadas de tecnologías existentes. Propones nuevos marcos de referencia. Ahora pasas a ser el experto en la materia y te conviertes en un punto de referencia para otros. Tu ministerio asesora a otros y les ayuda a atravesar sus propios procesos de madurez; funcionas como un mentor a las nuevas generaciones.

La ideación produce sentimientos de adaptación y de esperanza. Tal vez no reconozcamos que estamos en ideación pero sí notamos que nos ajustamos fácilmente a las condiciones cambiantes del ministerio, respondemos ágilmente a las actualizaciones y a la cultura circundante.

La experiencia y la elasticidad son el combustible de la esperanza; sabemos que Dios nos ha ayudado hasta aquí y nos ayudará durante el próximo cambio.

Se puede madurar la ideación incorporando elementos de las tecnologías ministeriales a la identidad del ministerio. Una cosa es que un ministerio use la tecnología y otra cosa es que la tecnología defina el ministerio, como veremos en el siguiente paso.

Paso #6: Identificar

Identificar es distinguirse de otros y de otras formas de utilizar las tecnologías ministeriales. Identificarse es el comienzo del camino hacia la innovación.

Identificar se puede entender por lo menos de dos maneras diferentes. Primero, en el sentido de señalar o apuntar, como cuando identificas una necesidad o señalas un camino. En este sentido, identificar correspondería a cada una de las etapas anteriores, ya que necesitas identificar qué vas a iniciar, cómo vas a indagar, qué métodos intentar, cuáles tecnologías implementar y cuáles ideas vas a promover.

El segundo sentido es el de crear una identidad propia. Es cuando la tecnología se convierte en componente esencial de tu identidad única. La forma en la cual utilizas la tecnología te distingue de otros ministerios.

Esta etapa se refiere entonces a la creación de una identidad corporativa y ministerial que de forma intencional abraza la tecnología para realizar la misión. Por ejemplo, cuando pasas por un proceso de identidad y presencia digital, o permeas las facultades administrativas de la iglesia con tecnología de alta productividad de manera que no concibes el ministerio sin estos elementos. El ministerio le da todo su propósito a la tecnología y la tecnología le da identidad al ministerio.

Todo ministerio debe definir una estrategia de identidad y presencia digital. La identidad y presencia digital se refiere a todo lo que pueda conseguirse en la Internet acerca de tu ministerio. Esto incluye tu sitio web, los resultados de los motores de búsqueda, tus comunicados por correo electrónico y todos tus canales de audio, video y redes sociales. El **Capítulo 9** aplica los conceptos de madurez a la presencia digital.

La presencia digital requiere del diseño y del esfuerzo mancomunado de tu equipo de trabajo para desarrollar una identidad propia y comunicarla de forma consistente en todo lo que el ministerio hace, dentro y fuera de la Internet.

Todo ministerio debe definir una estrategia de administración que ponga énfasis en la eficiencia y la productividad. En inglés se usa el término *back office* para agrupar todas las actividades invisibles necesarias para correr el ministerio como tal. Recoger los diezmos y las ofrendas son la parte visible pero el manejo de las finanzas es parte del *back office*. Tomarles los datos a las personas que atienden el llamado al altar es la parte visible pero el almacenar los datos personales en una aplicación de software es parte del *back office*.

La tecnología de alta productividad se refiere a aplicaciones de software de *back office* que facilitan la creación y el compartir de información, la colaboración, la comunicación efectiva, el manejo del tiempo, el almacenamiento de la data y la gerencia de proyectos.

La administración efectiva requiere de la planificación y una buena gestión de cambio para crear una cultura corporativa propia.

Aparte de que tu identidad esté bien definida y afianzada, ciertas tecnologías se incrustan en esa identidad organizacional y vienen a ser parte del ADN del ministerio. En este grado de madurez, la tecnología forma parte tan integral del ministerio que no se pueden realizar ciertos ministerios sin sus respectivas tecnologías, tal como lo menciono en el **Capítulo 3**.

La identificación produce sentimientos de unidad e identidad. La organización es más completa y la data más integrada. La tecnología más estable y dependiente. Se crean estándares y se automatizan procesos para estimulan la reproducción fidedigna de los resultados.

Tal vez no reconozcamos que estamos en una etapa de identificación pero sí notamos que el ministerio se afecta adversamente cuando la tecnología no funciona como se espera o hay fallas técnicas. Cuando esto sucede se interrumpe el "fluir" o se altera la unidad.

Un ejemplo de una tecnología ministerial madura a este nivel es el uso de la Biblia impresa. La Biblia impresa permitió la creación de estándares y la capacidad de reproducirla con exactitud. El libro de la Biblia integra todas sus partes y no deja de funcionar cuando lo necesitas leer. Ves a una persona cargando la Biblia en la mano o debajo del brazo y en seguida identificas a esa persona como cristiano, o "gente del Libro." Por esta identificación profunda, La Biblia se convirtió en sinónimo de cristianismo.

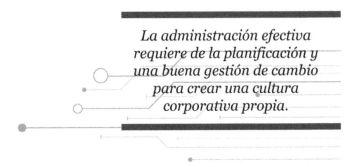

La administración efectiva requiere de la planificación y una buena gestión de cambio para crear una cultura corporativa propia.

Se puede madurar de la identificación mediante la creación de algo nuevo. La mayoría de los ministerios en la actualidad no hacen ese salto. La Biblia electrónica, para seguir con el mismo ejemplo, ha hecho esa transición al paso #7.

Hay pocos ministerios pioneros de lo novedoso. Pero no siempre fue así. Ha habido épocas en la historia donde la Iglesia ha sido baluarte de innovación para el ministerio y para el resto de la cultura. Por eso el nivel más alto de la madurez es la innovación.

Innovar

Paso #7: Innovar

Innovar es originar, inventar y hasta improvisar. Innovar es crear tecnología transformadora. Todos los esfuerzos se centran alrededor de la misión mediante la innovación tecnológica.

Las tecnologías ministeriales no sólo son parte de tu demanda sino de tu oferta; el ministerio está produciendo tecnología única para otros ministerios y hasta para la sociedad de consumo. Nos convertimos en centros de innovación.

Cuando un ministerio pasa del problema a la solución progresa del paso #1 (Iniciar) al paso #4 (Implementar). Cuando expande las posibilidades que tiene esta solución y cambia la cultura ministerial de tal manera que la tecnología implementada se hace parte integral de lo que hace, han pasado al paso #5 (Idear) y #6 (Identificar) respectivamente. Pero cuando convierte la solución en un producto concreto capaz de ayudar a otros, está innovando. Ha llegado al paso #7 del proceso de madurez.

La innovación produce sentimientos de, 1. Novedad – obvio, 2. Propósito – cuando nos percatamos de que lo que tenemos no es sólo para nuestro propio beneficio, y 3. Compasión – por nuestro deseo de ayudar a los demás a superar problemas similares.

Tal vez no reconozcamos que estamos en la etapa de la innovación pero sí notamos que producimos programas o modelos que no existían antes los cuales otros comienzan a imitar.

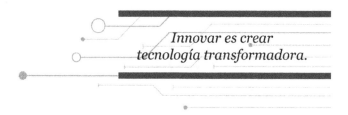

Innovar es crear tecnología transformadora.

La innovación tiene dos caras. Por un lado, la creación de lo nuevo, por otro lado, la eliminación de lo viejo. En ambos casos, toda organización innovadora necesita recrearse a sí misma, ya sea para adoptar lo novedoso o para adaptarse a la pérdida de lo antiguo. Ambos requieren procesos creativos.

En resumen, este libro es un llamado a la innovación: Transformemos nuestra sociedad con el evangelio presentándolo de nuevas formas ya que algunas formas viejas no están siendo efectivas. Convirtámonos en innovadores. La Figura 2 de la página siguiente representa el mapa de madurez completo.

Figura 2: Mapa de madurez

Quiero añadir algo más con respecto a la innovación: La innovación es cíclica.

Debido a esta característica de su naturaleza, al innovar emprendes otro viaje a lo desconocido. De cierta manera esto te coloca otra vez en el paso #1, ya que hay muchas cosas que aún no han salido a la luz o que estarás por explorar. Comenzarás a recopilar la información que necesitas y descartarás aquella que consideres sin importancia.

Todo nuevo emprendimiento te coloca al principio del mapa de madurez, pero no estarás en el mismo lugar donde comenzaste; tus circunstancias habrán cambiado, las personas a quienes estarás sirviendo serán distintas, el contexto cambiará, tus experiencias habrán madurado y tu impacto transformador será mayor.

El ciclo de la innovación no es un círculo cerrado sino más bien un espiral ascendente donde a cada vuelta completa subirás a un nuevo nivel.

El rey Salomón se dio cuenta de esta naturaleza cíclica de la innovación, pero su espiral descendiente de pecado y desobediencia lo dejó con una actitud cínica y pesimista. Vemos esto cuando escribió:

Eclesiastés 1:9: "¿Qué es lo que fue? Lo mismo que será. ¿Qué es lo que ha sido hecho? Lo mismo que se hará; y nada hay nuevo debajo del sol."

La historia ha probado una y otra vez que "el hombre más sabio del mundo" estaba equivocado. Muchas cosas nuevas y productivas han sucedido desde los tiempos de Salomón, como por ejemplo, el nacimiento glorioso de su tataranieto el Mesías.

Salomón no entendió el carácter innovador de Dios, pero el profeta Isaías, como veremos en el próximo capítulo, sí. La innovación representa el carácter mismo de Dios.

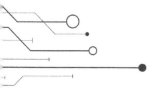

La Madurez de Dios

*Los hombres son como los vinos, la edad agria
los malos y mejora los buenos.*

– Marco Tulio Cicerón.

Era una noche cálida en la primavera del 2007. Luego del jardín y la tienda de curiosidades, atravesamos el pasillo que da a la bodega. En pocos minutos estábamos sentados a la media luz de las velas, entre barricas de roble y columnas de fermentación.

Esa no fue la típica cena de trabajo. Los dueños de casa nos dieron la bienvenida. Con emoción narraron la historia de la familia con varias generaciones de vinicultores. Luego nos presentaron al chef, quien explicó el menú de la noche y el cuidado que requiere el aparear cada vino con cada tipo de comida.

Entonces entre halagos y reconocimientos, presentaron al *connoisseur*. El experto ingeniero químico explicaba el arte y la tecnología para convertir el jugo de uvas en el elixir de los dioses.

Mi mente desvariaba. El ingeniero químico en mí quería escuchar los detalles del perito. Pero me podía más el teólogo. Quería estar el ciento por ciento en ese lugar, pero me inundaban todas las referencias bíblicas al vino.

Recordé el primer pasaje donde se menciona el vino, cuando Noé plantó una viña, se embriagó y estuvo desnudo delante de su hijo Cam, padre de Canaán (Génesis 9:20-27). Recordé también que el primer milagro redentor de Jesús cuando convirtió el agua en vino en aquellas bodas, por coincidencia o no, sucedió en Canaán, la región que lleva el nombre del nieto de Noé (Juan 2:1-11).

Canaán fue maldito por las palabras de Noé, pero fue bendecido por los milagros de Jesús. En todo caso, el encargado del banquete quedó complacido. Lo común era que el buen vino se sirviera al principio de la boda, y cuando los invitados estuviesen embriagados y ya no pudiesen reconocer la diferencia, se sirviera el vino más barato. En esta fiesta se hizo lo contrario. Jesús no era nadie común de prácticas comunes., por eso dejó el mejor vino para el final.

Dicen que el mejor vino es el que más te guste a ti. Tal vez sea cierto, pero el vino más caro es el añejo.

El vino es producto de la madurez. El vino que Jesús produjo era más costoso que el vino servido al principio. Jesús hizo quedar bien al novio, no sólo porque la fiesta no se quedó sin vino, sino porque aceleró el proceso de maduración para que el vino fuese de la más alta calidad.

El jugo de uvas es niño. El vino joven es aquel que pasa del acero a las botellas, es decir, sale de las columnas de fermentación a la venta. Este es el vino más barato. Luego está el vino de crianza. Es el que sale del acero al roble y se deja fermentar por algún tiempo para que madure. Si se deja fermentar por tres años, se denomina Reserva y si fermenta por cinco años, Gran Reserva – y siempre se escribe con mayúsculas.

Nuestro carácter necesita pasar de ser juguito de uvas a Gran Reserva. Nuestros ministerios necesitan pasar de ser jugo de uvas a Gran Reserva. Nuestros programas de tecnología necesitan pasar de ser jugo de uvas a Gran Reserva.

El más perfecto

Ahora te invito a pensar teológicamente. Quiero aplicar el modelo de madurez a la madurez de Dios. Reconozco que esta es una idea novedosa, pero te invito a seguir leyendo y la juzgues al final del capítulo.

Hago la salvedad de que no se puede cernir a Dios por el colador de un modelo humano. En otras palabras, Dios no se amolda a nuestros modelos. Sin embargo, ¿no es acaso la labor de la teología sistemática crear modelos de pensamiento? ¿No es la teología un método para organizar nuestro conocimiento de Dios? Recuerda que si algo es sistemático o metódico es tecnología, de acuerdo a la definición del **Capítulo 3**.

El reflexionar sobre la madurez de Dios a la luz del mapa de madurez del capítulo anterior, con certeza hace más por nosotros que por Dios. Primero nos permite discernir algunos atributos de quién es Dios, y segundo, valida el mapa de madurez a la luz de esa revelación de quién es Dios en La Biblia. Pues bien, comencemos.

El Señor Jesucristo nos exhortó a ser perfectos:

Mateo 5:48: "Por tanto, sean perfectos, así como su Padre celestial es perfecto."

¿Cómo es esto posible? Una de las frases más tontas que cualquier persona puede decir es: "Yo no soy perfecto." ¿Por qué? Porque pensamos que es obvio que nadie es perfecto sobre la faz de la tierra. Que tan siquiera tratar de ser perfecto es una tarea inútil. Nadie por mucho que se esfuerce podría llegar a ser perfecto.

No sé de dónde proviene la idea de que solo Dios es el único perfecto y que nadie más lo puede ser, pero definitivamente que no proviene de la Biblia. Pensar así invalidaría las palabras de Jesús. De acuerdo a Jesús, sí es posible ser perfectos; tanto como el Padre celestial. Entonces, ¿de qué se trata la perfección?

La palabra griega que se traduce perfecto en este pasaje corresponde a la palabra *téleios*, que significa completo, llegado a término, consumado, o que no le falta nada. La perfección bíblica es madurez.

La perfección bíblica es madurez.

Una traducción más certera de este pasaje reemplazaría la palabra perfecto por la palabra maduro. Incluso, tiene más sentido en la discusión del contexto donde Jesús está hablando acerca de amar a quienes no son tan amables.

El llamado de Jesús es a ser maduro, así como Dios el Padre es maduro; y maduros en el amor.

Esta es una premisa fundamental:

En la Biblia, Dios es el Ser más maduro del universo. Él es el Gran YO SOY – y siempre se escribe con mayúsculas.

La perfección no es un nivel inalcanzable de una moralidad intachable y absoluta, como algunos comentaristas asumen. La perfección es madurez y la plenitud de tus propósitos. Es el grado de mayor fructificación. Las palabras de Jesús nos dan un impulso para alcanzar la perfección, para alcanzar la madurez. Es posible.

El Anciano de días

Se puede pensar en la madurez en el sentido de edad, por ejemplo, cuando decimos que una persona es madura en años. El libro del profeta Daniel describe a Dios como alguien entrado en años.

La Nueva Versión Internacional traduce como el "venerable Anciano" (Daniel 7:9, 13, 22) mientras que la Reina-Valera le refiere como el "Anciano de días." (Daniel 7:9, 13, 22 RVR1960). La idea es de alguien que ha alcanzado la plenitud de días y que estará presente "en los postreros días."

Esto no quiere decir que Dios haya pasado por el crecimiento en el sentido literal como cualquier otro ser humano. "Anciano de días" no es un título sino una descripción, de manera que no es algo que se logró sino algo que es así. Daniel usa esta expresión como una figura o una metáfora para describir a un Dios que es venerable, un Rey que es digno y sabio, y un Juez que se sentará en el trono para retornar el reino a Su pueblo.

Dios es el Ser más maduro del universo.

La palabra que se traduce como "anciano" en estos pasajes, es la palabra hebrea *attiq*, y significa añejo; que ha pasado por la madurez que da el tiempo. El hebreo es una lengua de acción. Esto quiere decir que todas las palabras se derivan de un verbo. El verbo correspondiente a *attiq* es *atheq*, el cual se traduce como desprender o destetar.

El destete es el fin de la lactancia; el segundo corte del cordón umbilical. Es el marcador del paso de la infancia a la niñez. Significa que el niño ya no dependerá más del cuerpo de la madre para su sustento y en lo que respecta a su alimentación, se puede autoabastecer.

Tanto el apóstol Pablo como el apóstol Pedro utilizaron el destete como símbolo de madurez espiritual, o su retraso, como inmadurez. Pablo escribe:

> Yo, hermanos, no pude dirigirme a ustedes como a espirituales sino como a inmaduros, apenas niños en Cristo. Les di leche porque no podían asimilar alimento sólido, ni pueden todavía, pues aún son inmaduros. Mientras haya entre ustedes celos y contiendas, ¿no serán inmaduros? ¿Acaso no se están comportando según criterios meramente humanos? 1 Corintios 3:1-3

Pedro escribe en 1 Pedro 2:2: "Deseen con ansias la leche pura de la palabra, como niños recién nacidos. Así, por medio de ella, crecerán en su salvación."

Sin crecimiento, por supuesto, no hay madurez. El autor del libro a los hebreos coincide con esta imagen cuando escribe:

> En realidad, a estas alturas ya deberían ser maestros, y sin embargo necesitan que alguien vuelva a enseñarles las verdades más elementales de la palabra de Dios. Dicho de otro modo, necesitan leche en vez de alimento sólido. El que sólo se alimenta de leche es inexperto en el mensaje de justicia; es como un niño de pecho. Hebreos 5:12-13

Al hablar del anciano de días se infiere uno que ha sido destetado hace mucho tiempo. El Anciano de Días es un experto en el mensaje de justicia. Es el Maestro por excelencia. El Salvador que selló la salvación. El que no se comporta de acuerdo a criterios humanos, porque no es un simple mortal para mentir (Números 23:19). El único Ser en verdad autosuficiente.

El más fructífero

Por lo general, el acto del destete se enfoca en el destetado y no en la madre. Pero lo que sucede con la madre viene al caso en nuestro análisis de la madurez.

La hormona de la lactancia, llamada prolactina, hace que se inhiba la hormona de la gestación, llamada progesterona. El efecto es que durante la lactancia mengua la posibilidad de la preñez. Estos valores se invierten con el destete, baja la prolactina y por ende sube la progesterona. ¡La creación de Dios es perfecta! El destete hace que la madre pueda quedar embarazada otra vez. El destete hace que la madre sea más fructífera y se pueda volver a reproducir.

Hay una lección escondida aquí respecto a nuestras iniciativas de tecnología. La innovación es un acto de desprendimiento de lo viejo, ruptura con lo familiar. Para alcanzar la madurez tecnológica necesitamos destetar nuestros programas niños.

Como demostré en el **Capítulo 1**, la madurez está relacionada con la capacidad de dar fruto. La más madura es la más fructífera y viceversa. Entonces, si Dios es el Ser más maduro del universo, debería ser también el más fructífero.

Pues te tengo noticias: Dios es el Ser más fructífero del universo.

Dios es el origen de todas las cosas (Génesis 1). "Por medio de él todas las cosas fueron creadas; sin él, nada de lo creado llegó a existir" (Juan 1:3).

Dios es quien dotó a los seres vivos de la capacidad de crecer y de reproducirse. Dios nos creó a Su imagen y semejanza. Nos convirtió en personas prolíficas. No solamente en el Génesis, como ya estudiamos; la capacidad de multiplicarnos aplica tanto al paraíso como al cautiverio; en la sociedad agrícola o en la urbana.

Dios le dijo a Su pueblo cuando estaba en cautiverio en Babilonia:

> Construyan casas y habítenlas; planten huertos y coman de su fruto. Cásense, y tengan hijos e hijas; y casen a sus hijos e hijas, para que a su vez ellos les den nietos. Multiplíquense allá, y no disminuyan. Además, busquen el bienestar de la ciudad adonde

los he deportado, y pidan al Señor por ella, porque el bienestar de ustedes depende del bienestar de la ciudad. Jeremías 29:5-7.

Dios es quien derramó el Espíritu Santo de fructificación para que naciera y se reprodujera la iglesia. La iglesia se multiplicó por el derramamiento del Espíritu de Dios y continúa creciendo por medio del mismo Espíritu.

Dios es el Ser más fructífero del universo.

La madurez está relacionada con estar completamente unido. Sin divisiones. Todos hemos recibido un mapa de unidad y perfecta integración en Jesucristo, según el apóstol Pablo:

Efesios 4:13: "De este modo, todos llegaremos a la unidad de la fe y del conocimiento del Hijo de Dios, a una humanidad perfecta [madura] que se conforme a la plena estatura de Cristo"

El fruto del cristiano es el fruto del Espíritu, el cual nos permite convertirnos en cristianos maduros.

Jesucristo es el modelo de madurez y nos da la medida de la estatura a la cual debemos llegar. El Padre y Él son uno (Juan 10:30). Él oró para que nosotros también fuésemos uno (Juan 17:22).

Jesús además clamó en la cruz diciendo que todo había sido consumado, que su propósito estaba plenamente cumplido y que su trabajo estaba completo (Juan 19:30).

El autor de Hebreos nos recuerda que Él es el iniciador y el perfeccionador – quien hace madurar, nuestra fe:

Fijemos la mirada en Jesús, el iniciador y perfeccionador de nuestra fe, quien por el gozo que le esperaba, soportó la cruz, menospreciando la vergüenza que ella significaba, y ahora está sentado a la derecha del trono de Dios. Hebreos 12:2.

Una tecnología perfecta no es una tecnología que no tiene errores, "bugs" o fallas. Una tecnología perfecta es aquella que hace todo lo que se necesita que haga, cumple con todo el propósito para el cual fue creada, y tiene el más alto nivel de integración.

Una tecnología perfecta es una tecnología madura.

Por ejemplo, una silla es perfecta cuando no le falta una pata y cuando te puedes sentar en ella con confianza, aunque la pintura esté escarapelada o no combine con los muebles de la sala.

El más maduro

Recordemos por un momento el mapa de madurez:

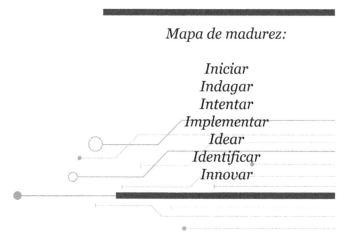

Mapa de madurez:

Iniciar
Indagar
Intentar
Implementar
Idear
Identificar
Innovar

Por supuesto que no podemos encasillar a Dios en ningún modelo, Él supedita todo modelo. Sin embargo, quiero que ahora veamos a Dios a la luz del mapa de madurez para descubrir cuán maduro es Dios.

El propósito de mirar a Dios en el mapa de madurez no es el de validar a Dios, ni mucho menos, sino el de validar el mapa en sí, para asegurarnos de que no sólo es consistente de manera tecnológica, sino también de manera teológica. Veamos.

Iniciar

Dios todo lo inició de la nada. Esto se conoce en la teología como *creatio ex nihilo*. Todo lo creó. Todo lo sabe. Todo lo conoce. No necesita aprender nada. El profeta expresó esto con una serie de preguntas retóricas:

Isaías 40:14: "¿A quién consultó el Señor para ilustrarse, y quién le enseñó el camino de la justicia? ¿Quién le impartió conocimiento o le hizo conocer la senda de la inteligencia?

La respuesta es nadie. Dios no necesitó consultores para ilustrarse. Dios no tuvo maestros en asuntos de justicia. A Dios nadie le impartió conocimiento. No hay ser más inteligente, menos ignorante, que Él. No hay ser más capaz de iniciar algo que Él.

Para Dios no aplica esta etapa.

Dios es omnisciente. No hay ignorancia en Él ni nunca la ha habido. La omnisciencia de Dios elimina la ignorancia.

Indagar

Dios es amor. No anda indagando ni es curioso. No está inclinado a investigar ni a aprender porque todo lo sabe. No existe ningún área del saber que no esté a Su alcance.

Dios no es tímido. No hay temor en Él. Tampoco nos ha dado espíritu de timidez (2 Timoteo 1:7). La madurez nos dirige hacia la ausencia de temor. Mientras nos acercamos a nuestro modelo en Dios, Él nos va librando de temores.

Salmo 34:4: "Busqué al Señor, y él me respondió; me libró de todos mis temores."

Dios es amor, por lo tanto no hay temor en Él, "sino que el amor perfecto echa fuera el temor" (1 Juan 4:18). De nuevo aparece la palabra "perfecto" que debemos leer como "maduro." El amor maduro es, como ya expliqué anteriormente, el amor perfecto.

Para Dios no aplica esta etapa.

Dios es amor (1 Juan 4:8), no hay intriga en Él. El amor perfecto de Dios elimina toda intriga y toda incertidumbre.

Intentar

Dios todo lo puede. No necesita intentar nada. No necesita experimentar. Lo puede hacer de buenas a primeras, y le va a salir bien. Dios no prueba para ver cómo sale y luego rectificar. No tira a ver que pega.

Dios no es Microsoft, que cuando lanzó al mercado Windows 7, el sistema operativo tenía más de dos mil imperfecciones conocidas y estaba considerando las opiniones de los usuarios beta para saber cuáles corregir.

Dios puede hacer todo lo que se proponga en su corazón hacer. Y es maduro de entrada; es perfecto. No necesita preguntar qué corregir.

Es más, Dios conoce las intenciones y los intentos del hombre mucho antes que estos resulten en éxitos o fracasos.

Jeremías 17:10: "Yo, el Señor, sondeo el corazón y examino los pensamientos." Dios es el único, de hecho, que puede examinar los corazones de los hombres, y no viceversa.

Para Dios, no aplica esta etapa.

Dios es omnipotente. No hay nada que no pueda hacer. La omnipotencia de Dios elimina la intención.

Implementar

Dios es el planificador por excelencia.

Estudiando la acción de Dios en la historia se puede crear toda una teología de la planificación, como lo sugiere Tony Morgan con el título de su libro *Desarrollando una teología de la planificación*. Él escribe:

> Existe una cantidad abrumadora de citas en la Escritura que apoya la planificación. Pienso que la mayoría de los líderes estarán de acuerdo con que la visión sea traducida a un plan de acción. De otra forma, las mejores intenciones hoy quedarán como los lamentos del mañana.[18]

Cuando se trató de crear un plan e implementarlo, Dios fue la estrella.

Su plan fue tan efectivo que se convirtió en una de las verdades teológicas más poderosas y transformadoras de la historia de la humanidad: se conoce como el Plan de Salvación.

En nuestro tiempo, nos dará a conocer los planes que tiene para con nosotros.

Jeremías 29:11: "Porque yo sé muy bien los planes que tengo para ustedes —afirma el Señor —, planes de bienestar y no de calamidad, a fin de darles un futuro y una esperanza."

Como Dios sabe todas las cosas de antemano (presciencia) y como no está sujeto al tiempo (eternidad), se puede decir que Dios ya creó todos Sus planes y ya los implementó con éxito. Nosotros necesitamos madurar a nuestro futuro. Dios no está sujeto a las variables del tiempo y del espacio.

Sigue salvando. Sigue escribiendo el plan y la historia de la salvación en los corazones de los hombres, ganando uno por uno.

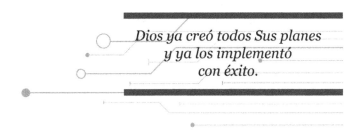

Dios ya creó todos Sus planes
y ya los implementó
con éxito.

Para Dios no aplica esta etapa.

Dios es omnipresente. No hay lugar ni tiempo de la experiencia humana donde no esté y cumpla sus propósitos. Aunque no es posible para nosotros verlo, los planes de Dios están hechos y ejecutados. La omnipresencia de Dios elimina la implementación.

Idear

Dios es el gran pensador. Las ideas de Dios son más profundas, más abundantes, y más elevadas. Son perfectas. Son maduras.

Ante las profundas ideas de Dios, el salmista exclama: "Oh Señor, ¡cuán imponentes son tus obras, y cuán profundos tus pensamientos!" (Salmos 92:5). El pasaje sugiere que las obras de Dios son un efecto directo de los pensamientos de Dios. Dios actúa en completa armonía con lo que piensa. Sus obras son imponentes porque sus pensamientos son profundos.

Ante la abundancia de las ideas de Dios, el salmista vuelve y exclama: "¡Cuán preciosos, oh Dios, me son tus pensamientos! ¡Cuán inmensa es la suma de ellos!" (Salmos 139:17).

Ante la calidad de las ideas de Dios, el profeta escribe: "Porque mis pensamientos no son los de ustedes, ni sus caminos son los míos —afirma el Señor —. Mis caminos y mis pensamientos son más altos que los de ustedes; ¡más altos que los cielos sobre la tierra!" (Isaías 55:8-9).

Dios es experto en todos los asuntos. Él ha llevado sus pensamientos a alcanzar el nivel más alto de madurez. El punto de referencia. El asesor. De hecho, uno de los títulos de Dios es el de Consejero admirable, tal como lo refiere Isaías 9:6:

> Porque nos ha nacido un niño, se nos ha concedido un hijo; la soberanía reposará sobre sus hombros, y se le darán estos nombres: Consejero admirable, Dios fuerte, Padre eterno, Príncipe de paz.

Como consejero tiene los mejores consejos; se le ocurren las mejores ideas. Anteriormente cité Isaías 40:14, pero el verso 13 que le antecede lee: "¿Quién puede medir el alcance del espíritu del Señor, o quién puede servirle de consejero?"

La respuesta una vez más es: nadie. De hecho, el Espíritu del Señor o el Espíritu Santo, se reconoce como el otro Consolador o Consejero (Juan 14:16, 26; 15:26).

Para Dios no aplica esta etapa.

Dios es Consejero admirable. La consejería de Dios supera la etapa de la ideación porque todos sus pensamientos hallan expresiones concretas en la realidad atemporal, todos sus consejos son eternos. Dios es, y sabe quién es.

Cuando Moisés le preguntó a Dios que en nombre de quién debía ir al pueblo, Dios le dio a conocer su nombre.

Éxodo 3:14: "— YO SOY EL QUE SOY —respondió Dios a Moisés—. Y esto es lo que tienes que decirles a los israelitas: "YO SOY me ha enviado a ustedes.""

Dios no tiene problemas de identidad ni de disociación. Él es uno. Es uno en sí mismo, es uno con el Hijo, y es uno con el Espíritu de unidad.

Deuteronomio 6:4 RVR1960: "Oye, Israel: Jehová nuestro Dios, Jehová uno es."

Jesucristo dijo, "El Padre y yo somos uno" (Juan 10:30).

Esta unidad intrínseca de Dios se debe traducir a la unidad de su pueblo. "Esfuércense por mantener la unidad del Espíritu mediante el vínculo de la paz" (Efesios 4:3). La unidad del Espíritu es una característica de una iglesia madura.

Además, Dios se distingue por encima de todos los demás. Dios no sólo es uno sino además único.

Identificar

El mismo pasaje de Deuteronomio 6:4 puede también traducirse: "El Señor nuestro Dios es el único Señor." No hay otro como Él, ni lo habrá.

Para Dios no aplica esta etapa.

Dios es único. No hay nada que se compare con Él. La unicidad de Dios lo coloca por más allá de la identificación.

Innovar

Finalmente, Dios es Dios de lo nuevo.

La innovación es el nivel de madurez prometido por Dios mediante las palabras del profeta:

Isaías 43:19: "¡Voy a hacer algo nuevo! Ya está sucediendo, ¿no se dan cuenta? Estoy abriendo un camino en el desierto, y ríos en lugares desolados."

Otra vez está abriendo camino para pasar y ríos para renovarnos. Esta es la imagen: Cuando un terreno inexplorado se abre al mundo con los primeros pasos del caminante, quien va adelante cortando la maleza es Dios. Cuando una pequeña idea se abre paso a un mar de posibilidades, quien inicia la lluvia de ideas es Dios.

Por cierto, ¿no se llama "lluvia de ideas" una de las más acertadas y utilizadas técnica creativa?

Cuando dice, "otra vez," ¿no será porque ya lo ha hecho antes y aún le quedan novedades bajo la manga? – si es que Dios usa túnicas con mangas.

Dios es Dios de lo nuevo.

De forma apropiada, el último libro de la Biblia habla de siete cosas nuevas en las cuales Dios está trabajando. Como son nuevas aún no están a la vista.

Siete es un número simbólico. No significa que Dios está trabajando sólo en siete cosas nuevas, sino que las novedades de Dios son completas y perfectas.

Apocalipsis 21:5 dice: "El que estaba sentado en el trono dijo: «¡Yo hago nuevas todas las cosas!» Y añadió: «Escribe, porque estas palabras son verdaderas y dignas de confianza.»"

Todas las cosas están englobadas en estas siete:

1. Un cielo nuevo
2. Una tierra nueva
3. Una ciudad nueva
4. Una relación nueva
5. Un templo nuevo
6. Una luz nueva
7. Un paraíso nuevo

Por cierto, si en física la luz fue el principio de todo lo que conocemos (Génesis 1:3) y establece la medida de tiempo a la cual estamos sujetos en esta dimensión, es propio pensar que la luz nueva dará origen a una dimensión de vida nueva y a una redefinición del espacio/tiempo como lo conocemos.

La innovación es el nivel más alto de madurez y la recreación de "todas las cosas" es el nivel más alto de innovación que se pueda alcanzar.

Algunos piensan que Dios no está haciendo nada nuevo porque no lo vemos, sin embargo, Dios está creando muchas cosas nuevas que están apartadas de nuestra capacidad limitada de ver.

Si nos preguntamos, qué está haciendo Dios ahora, tendríamos que decir que está trabajando en todo lo nuevo que está por venir.

Dios es innovador. Dios habita en Su eterna innovación.

Revisando:

Dios todo lo sabe.
Dios es amor.
Dios todo lo puede.
Dios es planificador
por excelencia.
Dios es el Gran pensador.
Dios es único.
Dios es innovador.

Esto me permite concluir que el mapa de madurez presentado en el capítulo anterior tiene un profundo sentido teológico. Es válido y útil en el ejercicio del ministerio mediado por la tecnología.

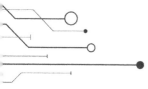

CIBERMADUREZ

Estás en un nivel más alto de madurez cuando puedes tener paz en medio de la tormenta.

— JIM REEVE.

Catorce días de angustia continua. La sombra de la muerte cubría a todos los tripulantes. Euroclidón golpeaba la nave con toda su furia huracanada al tiempo que Poseidón hacía todo lo posible para hundirla con su tridente feroz. No había descanso alguno. En el afán por sobrevivir y sacar las gigantes olas que llenaban la cubierta se habían olvidado incluso de comer, lo cual empeoraba las cosas porque nadie se percataba de su propia debilidad. Eran cada vez más inefectivos sin saberlo.

Es curioso. Había allí marineros experimentados y un capitán entrenado, había hombres de guerra y un centurión, y con todo, no se encontró el liderazgo necesario para apaciguar los ánimos. Tanta experiencia junta pero tan poca expertícia. No hubo quien actuara con aplomo y mente serena, mucho menos dibujar una estrategia correcta. De hecho, estaban en esas circunstancias por haber hecho caso omiso a las advertencias y haber trazado mal el mapa de navegación. Es que el mapa incorrecto puede meterte en serios problemas y llevarte a un destino no deseado.

Sólo uno de los prisioneros levantó la mano – y la voz, y tomó la iniciativa. A ningún loco se le ocurriría celebrar la Cena del Señor en medio de tanta zozobra, excepto a él. Uno que era verdadero líder. Es que el verdadero líder sabe escuchar al Dueño de los vientos y las tempestades. No estuvo sobre las aguas del mar de Galilea pero ahora tenía su propia oportunidad de ver a Jesús descansando en la barca. Por eso pudo tener paz en medio de la tormenta. Estoy hablando del apóstol Pablo.

Él se había opuesto a que continuaran el viaje pero le ignoraron y ahora estaban en serios problemas que amenazaban la vida de las doscientas setenta y seis personas a bordo, atemorizados, fatigados y débiles. Durante la cena les reconfortó diciendo que Dios preservaría la vida de todos mas no así el navío ni su mercancía. Gracias a la providencia, el naufragio ocurrió cuando el barco encalló en un banco de arena cercano a una isla, hacia la cual todos pudieron nadar.

El episodio está narrado con lujo de detalles en Hechos 27. Quisiera que tomaras un par de minutos para leer todo el capítulo antes de continuar.

Tormentas del ministerio

¿Cómo llegó Pablo a esta situación? La narrativa comienza en Hechos 21. Él había tenido las intenciones de ir a Roma, pero no se le había dado la oportunidad. En su última visita a Jerusalén, estando predicando en el templo, algunos judíos de Asia que conocían de su ministerio alborotaron a la multitud y les incitaron en su contra. Como la turba se amontonaba para lincharlo, le avisaron al comandante del batallón romano y este le mandó a apresar y a azotar.

Estando en la cárcel apeló a su ciudadanía romana para evitar los latigazos, y se sucedieron una serie de audiencias legales que comenzaron con el Consejo de las autoridades judías. Por ser romano, el caso fue transferido al gobernador de Cesarea de Filipo, Félix, quien demoró el proceso legal por dos años hasta que llegó su sucesor, llamado Festo. El nuevo gobernador consultó el caso con el rey Agripa, nieto de Herodes el Grande, delante de quien Pablo apeló al emperador Nerón. Entonces fue puesto en una embarcación rumbo a Italia.

La travesía por el mediterráneo desde el pueblo costero de Cesarea en la región de Sarón hasta Roma fue bastante complicada por la logística y los cambios atmosféricos que anunciaban la cercanía del invierno.

Lucas, el narrador de los Hechos, acompañaba a Pablo en su viaje y describió el mapa de la ruta desde la partida hasta el naufragio. De hecho, 7 pasos de inmadurez para obtener desastrosos resultados: Cesarea, Sidón, Chipre, Mira, Gnido, Buenos Puertos y Malta. Lo único bueno de la travesía fue el nombre del puerto antes del naufragio.

Nota el vocabulario de la historia. Los vientos eran contrarios (vs. 4), la navegación fue lenta, a duras penas llegaron al siguiente puerto, el viento era desfavorable para seguir el rumbo original (vs. 7), pero continuaron con dificultad (vs. 8). Perdieron mucho tiempo y la navegación era peligrosa (vs. 9). Lo que parecía atractivo se tornó en una pesadilla (vs. 13). Se quedaron a la deriva (vs. 15), perdieron la orientación y al fin toda esperanza de salvarse (vs. 20).

Esto bien pudiese describir tu experiencia en el ministerio en general y en particular el uso que le das a la tecnología con fines ministeriales. Laboras en constante oposición, sientes que no avanzas y te mueve sólo lateralmente y a duras penas. Todo se confabula en tu contra y vas en una dirección que, sin intención, te aleja de tu propósito original. Aunque te las arreglas para seguir, pierdes mucho tiempo en distracciones y peligros. Vas a la deriva.

Ciertas oportunidades se presentan como atractivas pero te siguen desviando. Un enlace te lleva a otro y a otro y terminas en una página que no querías ver. Te dejas llevar por las circunstancias, los eventos, y lo que la congregación decide. Te desorientas. Pierdes las fuerzas y hasta lo último que se pierde.

Así son las tormentas en el ministerio. Pero acuérdate que Jesús sigue descansando en tu barca. Aún puedes escucharle y aunque se pierda todo, lo más importante eres tú.

Puede que la primera parte de tu experiencia al usar tecnología en el ministerio haya terminado en naufragio. Entonces, para la segunda parte de tu viaje, traza un mapa de madurez que te puede llevar a tu destino. Recuerda que Pablo pudo llegar a Roma.

Cibernautas

Te estarás preguntando en este punto, ¿qué tiene que ver esta historia con la evaluación de la madurez? Pues mucho. Lucas narra que cuando Pablo le dijo al centurión que no continuaran el viaje, "el centurión, en vez de hacerle caso, siguió el consejo del timonel y del dueño del barco" (Hechos 27:11).

La palabra griega para timonel o capitán de una embarcación es *kybernétes*. Es una palabra compuesta que significa guiar o conducir la navegación o *nautikós*, también del griego.

En la antigüedad, el timonel no sólo conducía sino que también era quien administraba todo con referencia a la nave. El historiador griego Plutarco escribe para tales efectos: "El timonel selecciona a sus marinos y el dueño selecciona al timonel."[19] De forma temprana se comenzó a utilizar el término como metáfora de la vida, la nave, que necesita ser dirigida por un capitán. Pero, ¿quién es el verdadero capitán de la nave?

Platón atribuye el pilotaje de la vida a Dios.[20] Filón de Alejandría refiere a Moisés como un varón que se sometió bajo la dirección de la razón divina,[21] y la narrativa del martirio de Policarpo XIX:2 dice que Jesús es el Piloto de nuestros cuerpos.[22]

Pablo sabía bien esto. Aunque no tenía voz ni voto, su vida estaba sometida, no al centurión, ni al capitán, ni al dueño, sino a la voluntad de Dios, quien le había prometido que llegaría a su destino. Además, es probable que Pablo fuese, si no el más experimentado viajero en las aguas del Mediterráneo, el más experimentado de los náufragos (2 Corintios 11:25).

Las labores del timonel incluían la planificación de la ruta, las decisiones a lo largo del recorrido, la lectura de los instrumentos de navegación, la selección de su equipo de marineros y todo el funcionamiento de la nave. Estas acciones de gerencia se conocían como *kybérnesis*, lo cual se traduce con frecuencia como administración.

El mismo Pablo identifica a un grupo particular de ministros asignados por Dios que están encargados de la administración de la iglesia. Él escribe en 1 Corintios 12:28:

> En la iglesia Dios ha puesto, en primer lugar, apóstoles; en segundo lugar, profetas; en tercer lugar, maestros; luego los que hacen milagros; después los que tienen dones para sanar enfermos, los que ayudan a otros, *los que administran* y los que hablan en diversas lenguas (itálicas añadidas).

Los que administran (*kybernesis*) son parte del liderazgo que Dios diseñó para la iglesia. La idea del pilotaje de la iglesia tal vez tenga un precedente en el libro 4 de Macabeos 7:1, que, aunque no es un libro canónico, es probable que Pablo lo conocía, y dice: "Porque como el más habilidoso de los pilotos, la razón de nuestro padre Eleazar administró la nave de la religión sobre el mar de las emociones."[23]

Los cibernautas son aquellos llamados a dirigir el ministerio. Son los líderes que entienden que el dueño de la nave es Cristo. Navegan la ruta de la madurez. Escogen a su equipo de trabajo, trazan y siguen el mapa de madurez de puerto en puerto, reconocen los tiempos de cambio y saben leer los instrumentos de navegación para tomar decisiones acertadas y evitar el naufragio.

Cibernética

La palabra cibernética viene de este trasfondo. Es por eso que no se cabalga ni se vuela por la Internet, sino que se navega.

Piensa por un momento en la navegación antigua. Yo no soy un experto, pero es fácil notar algunas cosas. La dirección se controlaba con el timón. La velocidad dependía de las velas, y en algunos casos, el número de remeros que podía acomodar. La ubicación se controlaba leyendo la posición del sol y de las estrellas.

Lucas es preciso al indicar que "pasaron muchos días sin que aparecieran ni el sol ni las estrellas" (Hechos 27:20), y por eso perdieron toda esperanza de salvarse de la tempestad. Habían perdido sus instrumentos. Estaban desorientados y a la deriva. No podían saber en qué lugar del vasto mar se encontraban ni hacia dónde se dirigían.

Al no saber su posición y su dirección, temían que la nave golpeara alguna formación rocosa imprevista y los enviara al fondo del mar sin posibilidades de supervivencia.

La instrumentación con todas sus medidas y cálculos es crítica para la cibernética. La instrumentación te permite saber dónde estás – por la posición de las estrellas, hacia dónde te diriges – por la posición y trayectoria del sol, y cuánto te falta por llegar – por la velocidad de los vientos.

El diccionario de la Real Academia Española define la cibernética como la "ciencia que estudia las analogías entre los sistemas de control y comunicación de los seres vivos y los de las máquinas."[24]

La cibernética se ha relacionado con las computadoras de manera casi intercambiable. Lo que sucede es que las computadoras son las máquinas más sofisticadas del ingenio humano. La interacción del ser humano con las computadoras ha desarrollado su capacidad de formas extraordinarias.

Lo que facilita esa identificación entre la computación y la cibernética es la capacidad de control, de medición y de automatización que las computadoras permiten. La computación cambió la navegación para siempre. Los sistemas de ubicación satelital o GPS (*Global Positioning System*, por sus siglas en inglés), de piloto automático y sensores de toda índole permiten controlar hasta las naves más complejas. Toda navegación segura tiene que ver con los instrumentos que empleas.

> *La cibernética se puede aplicar a una embarcación, a una computadora, o a una organización como la iglesia.*

La cibernética no se limita a las computadoras. Abarca otros intercambios entre lo animado y lo inanimado, entre el ser humano y la tecnología. La cibernética se puede aplicar a una embarcación y a una computadora, con la misma efectividad que se puede aplicar a una organización como la iglesia.

La iglesia de hoy está en una gran necesidad de cibernautas.

Un buen cibernauta entenderá los recursos de tecnología que el ministerio tiene a su disposición y los usará para evitar el naufragio organizacional. Sabrá leer el clima cultural y trazará una ruta segura. Le permitirá a la iglesia o institución salvar la carga, pero más importante aún, a todos sus tripulantes. La misión del cibernauta es la salvación, personal y organizacional.

Caso contrario, un mal cibernauta hace caso omiso a las condiciones de navegación, a las características de la nave y a las sugerencias de los tripulantes. La única garantía que un mal cibernauta le puede dar a una organización es el naufragio.

Quiero ilustrar eso con un caso de la vida real.

El ministerio de la Iglesia Dios es Amor se propuso implementar un sistema de membresía. Estos sistemas consisten en una base de datos y una aplicación de software con formas para interactuar con dicha base de datos. La base de datos almacena la información personal de los miembros junto con el historial de contacto entre la iglesia y cada persona. Además, tiene la capacidad de crear grupos de personas utilizando una variedad de criterios.

El liderazgo de la iglesia decidió comprar el sistema sin hacer un análisis de costos, sin comparar las funciones de este sistema con otros de propósito similar, y peor aún, sin evaluar a la compañía proveedora.

Primer error: compraron algo a ciegas, sin punto de referencia. Nunca comiences un viaje sin saber dónde te encuentras. Esto se debió haber definido en primer lugar (Paso #1: Iniciar).

Una vez cerrado el contrato, la compañía de software envió a un especialista para que implementara el sistema, le hiciera adaptaciones que consideraba justas para acercarse a la forma de hacer ministerio de la iglesia y entrenara a la asistente administrativa.

Segundo error: comenzaron a implementar (Paso #4) y a personalizar (Paso #6) antes de estudiar las necesidades organizacionales a todo nivel (Paso #2). No puedes brincarte los pasos de la madurez. Con certeza este sistema afectaría no sólo a la asistente administrativa sino todo el funcionamiento de la iglesia en cada una de las cinco áreas de la tecnología, como veremos más adelante.

Cuando el especialista terminó su trabajo, se retiró sin una documentación apropiada. Al cabo de unas semanas, la iglesia se dio cuenta de que la asistente administrativa no podía hacer todo el trabajo ella sola y que el entrenamiento que recibió fue insuficiente como para que ella pudiese entrenar a otros.

Tercer error: no hubo un período de prueba y ajuste (Paso #3) que fuese lo suficientemente largo como para entender el impacto sobre las operaciones regulares de la iglesia y de todos sus empleados y voluntarios.

Al cabo de un año, y en medio de muchas dificultades que la iglesia tuvo para usar el software, la compañía proveedora anunció que descontinuaría el soporte de ese producto. Ahora la iglesia estaba peor que al principio, frustrada por el tiempo perdido y todo el dinero gastado en un producto terminal.

¿Quién debió haber previsto esta situación? ¿Quién pudo evitar las pérdidas y las frustraciones? ¿El especialista? ¿La asistente? ¿El vendedor del software? Por supuesto que no. La persona responsable era el cibernauta.

Un buen cibernauta entiende la madurez tecnológica y usa un mapa de navegación. No se brinca ninguno de los pasos. Un mal cibernauta, por el contrario, ignora la madurez; por desconocimiento o por desinterés, lleva la tecnología al fracaso.

En el **Capítulo 5** discutí el mapa de madurez que te permite definir la ubicación y la dirección de tus iniciativas tecnológicas. Mi experiencia me dice, sin embargo, que muchos ministerios ya cuentan con alguna forma de ubicarse y dirigirse, pero no de medir. No creas que estás solo en esto. Muchos departamentos de tecnología en instituciones reconocidas del país sufren del mismo mal.

Cuando aplicamos la cibernética a la madurez de las tecnologías ministeriales, entonces llegamos a un modelo de tres componentes: ubicación, dirección y medición.

Como resultado, puede que tengamos una idea vaga de progreso, pero no sabemos a ciencia cierta si estamos madurando, no tenemos cómo confirmarlo ni probarlo. No tenemos los instrumentos de navegación adecuados.

Necesitamos una manera de evaluar la madurez. Una manera de medirla.

¿Quieres saber si tus programas de tecnología ministerial están dando los resultados que deseas? Tienes que evaluarlos. ¿Quieres saber si la tecnología ministerial está madurando? Tienes que evaluarla durante un intervalo frecuente y prolongado.

Cibermadurez

El propósito de medir la madurez no es el de obtener resultados absolutos que determinen el valor de tu iniciativa, sino el de poder comparar dichos resultados en el transcurrir del tiempo con tus propias mediciones anteriores. En otras palabras, no se trata de saber si tu iniciativa tecnológica ministerial es buena o no, sino de determinar si está creciendo o madurando.

Medir la madurez tecnológica te permite identificar tendencias que informarán tu crecimiento.

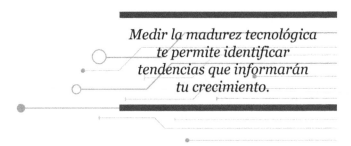

Medir la madurez tecnológica te permite identificar tendencias que informarán tu crecimiento.

Fran Buytendijk, en su libro *Performance Leadership* (Liderazgo de rendimiento, por su nombre en inglés), explica que el medir cumple con tres objetivos principales:

1. Dar cuentas para estar en conformidad e informar a los miembros directivos.
2. Facilitar la toma de decisiones estratégicas y el aprendizaje de los líderes (cibernautas).
3. Conducir el comportamiento de la gente.[25]

La gente. Tu equipo de trabajo. Los integrantes de tu equipo de tecnología. Los miembros de tu congregación. La gente, podrá alinear sus actividades a las metas de madurez tecnológica en la medida que puedas mostrar progreso. La gente abandonará comportamientos disfuncionales y de sabotaje cuando tomes mejores decisiones y aprendas en el proceso.

No sé si esto sea un momento ¡Eureka! para ti, pero sí que lo es para mí. Si puedes demostrar con la evaluación que estás progresando o madurando, ganarás la confianza de quienes te siguen.

Y así llegamos a definir la cibermadurez:

> La cibermadurez es la capacidad que los líderes tienen para definir la ubicación, la dirección y la medición del uso de la tecnología en el ministerio en ruta a la innovación.

He definido la tecnología en el **Capítulo 3** como la integración de cinco elementos: las personas, los sistemas, los procesos, las políticas y los aparatos. Pues bien, la madurez de cualquier iniciativa de tecnología debe medirse en cada uno de estos cinco elementos de la tecnología. La tecnología no solo debe madurar sino que lo debe hacer balanceando cada una de estas cinco áreas.

Veamos algunos ejemplos de lo que esto significa:

Las personas

La cibermadurez aplicada a tu personal de tecnología hace una evaluación de sus habilidades técnicas, traza un programa de actualización y evalúa, no sólo el aprendizaje sino la capacidad de traducir las habilidades adquiridas a la práctica ministerial.

Las personas buscan el crecimiento en ruta hacia la cibermadurez.

Por ejemplo, Cornelio está interesado en ayudar con los medios audiovisuales. ¿Qué haces? Debes saber qué destrezas tiene, qué le falta y cómo entrenarle para adquirirlas. Cornelio debe someterse a un proceso de madurez que le permita abrazar la misión, conocer la cultura organizacional, sujetarse a los procesos establecidos y manejar los aparatos. Cornelio tiene que entrenarse en lo técnico y lo organizacional.

Para Cornelio, hay ciertas actividades de iniciación y, en la medida de que madure en su labor, podrá poco a poco ir alcanzando los niveles de ideación, identificación y hasta innovación.

La educación debe permear todo proceso de madurez. La educación del personal técnico no se puede dejar al azar o a las circunstancias; se debe planear; se debe mapear.

Ten en cuenta que la educación técnica se compone de la adquisición de conocimiento y la inmediata aplicación práctica. Si el lapso de tiempo entre una y la otra es muy amplio, el conocimiento adquirido se diluye y pierde su efectividad.

Hoy en día hay muchas alternativas viables de educación informal que te ayudan a adquirir la variedad de habilidades técnicas que necesitas para hacer tu trabajo.

Entrenarse es una responsabilidad compartida. Tu ministerio debe abrir espacios programados para la educación técnica. Cornelio también debe mantenerse con mentalidad de aprendizaje. Por eso le digo con frecuencia a mis empleados: "Si no tomas de dos a tres horas cada semana para aprender y mantenerte actualizado, no estás haciendo bien tu trabajo."

Los sistemas

La cibermadurez aplicada a tus sistemas hace una evaluación de su efectividad, pasa por un proceso de reingeniería y evalúa si los cambios en el sistema incrementa o no la efectividad.

Los sistemas buscan la efectividad en ruta hacia la cibermadurez.

Por ejemplo, el sistema de organizar el culto dominical. Tal vez en estos momentos todo depende del pastor: escoger las canciones de la alabanza, recopilar los anuncios de la semana, preparar el sermón, llamar a todas las personas que han de participar y asignar las responsabilidades.

Este sistema no es tan efectivo, no porque el pastor no sea capaz de hacer todo, sino porque todo gira en torno a una sola persona. ¿Qué si no está disponible o se enferma o se va de vacaciones? Además no es un modelo sostenible a largo plazo, ya que diluye el enfoque del pastor entre actividades rutinarias y le resta tiempo para que prepare el sermón.

Un modelo más maduro sería asignar a un director de culto. El director de culto se encargaría de coordinar las actividades más triviales mientras que el pastor se enfocaría en las labores ministeriales. Este modelo, dicho sea de paso, es más bíblico.[26]

Por cierto, saber delegar es una muestra de madurez. Puede que el pastor tenga que hacer todo en los inicios, pero en la medida que delega podrá alcanzar niveles más altos de madurez y hasta innovar.

Delegar es una muestra de madurez.

Los procesos

La cibermadurez aplicada a tus procesos de tecnología ministerial te permitirá evaluarlos con ojo crítico y ajustarlos para que se puedan repetir y reproducir de forma consistente y en el menor tiempo posible.

Los procesos buscan la eficiencia en ruta hacia la cibermadurez.

Por ejemplo, el proceso para la recolección y conteo de los diezmos y las ofrendas. He estado en iglesias donde se ora al recoger la ofrenda y los ujieres pasan con algún recipiente para recibirla. He estado en otras iglesias donde se presiona por media hora a los asistentes antes de orar y hacer pasar a los ujieres.

Ambos son efectivos (se recoge una ofrenda), pero ¿cuál proceso es más eficiente?, ¿cuál proceso es más sostenible? Otra manera de pensar al respecto sería en función de la economía, ¿cuál proceso es más económico? O en el caso de este ejemplo, ¿cuál permite recoger mejores ofrendas? En realidad no lo sé. Puede depender de la cultura de tu iglesia.

La cibermadurez te ayuda a evaluar los procesos para poder tomar esa decisión. Puedes usar un método por tres meses y medir; luego cambias el método y vuelves a medir. Tendrás una referencia comparativa y con ella tu respuesta.

Después podrías implementar un sistema moderno de recolección de diezmos por texto para dar de manera recurrente y automática con tarjeta de débito, crédito o cheque electrónico, y no pasar bolsas en medio del servicio. En cualquier caso, tienes que evaluar los resultados.

Las políticas

La cibermadurez aplicada a tus políticas de tecnología ministerial busca proteger mejor tus activos, la seguridad de tus sistemas, la réplica de tus procesos (fructificación) y las contribuciones de tus miembros.

Las políticas buscan la normalidad en ruta hacia la cibermadurez.

Por ejemplo, las políticas que rigen el funcionamiento de tu sitio web. Tu sitio web debe incluir una declaración de derechos de autor para proteger tu propiedad intelectual; debe garantizar la seguridad técnica con cifrado, normas de contraseña y políticas de restricción de acceso; debe normalizar la programación y publicación de contenido creando estándares y plantillas; y debe tener las políticas de uso en un lugar visible y adherirse a ellas.

Todas estas políticas son mucho más críticas si recibes ofrendas en línea o tienes una tienda de compras o si tomas datos personales durante un proceso de registración para tus eventos (acuérdate de FERPA, en el **Capítulo 3**). Si tu sitio web está en los Estados Unidos debe obedecer las normas de la Comisión Federal de Comercio (o FTC por sus siglas en inglés de *Federal Trade Commission*).

No se trata de ser "legalista" sino "protector."

Pocos ministerios se dan a la tarea de crear estas políticas. Esta es una de las áreas más deficientes en las organizaciones cristianas con las cuales he tenido el privilegio de trabajar. Si es tu caso, necesitas iniciar un proceso de cibermadurez.

Los aparatos

La cibermadurez aplicada a los aparatos que utilizas en tu ministerio busca proteger tu inversión en función de su función, valga la redundancia.

Los aparatos buscan el soporte y el mantenimiento en ruta hacia la cibermadurez.

Por ejemplo, la iluminación del santuario puede incluir controles para regular la luz natural filtrada por los tragaluces, lámparas de alta potencia para el auditorio, focos especializados para la tarima, linternas para los músicos y luces de emergencia. En algunas iglesias más contemporáneas, las luces de colores se complementan con humo para crear el efecto visual que se persigue. Todo esto necesita soporte y mantenimiento.

Se le tiene que dar soporte al sistema eléctrico, a las consolas de control de iluminación y a las luces de emergencia. Se le tiene que dar mantenimiento a los cables, las bombillas, las baterías o los fusibles almacenando los aparatos con cuidado y cambiando cada cosa al final de su ciclo de vida.

Todo programa de tecnología ministerial maduro provee el presupuesto para recibir apoyo técnico cuando se necesita, darle mantenimiento a los aparatos en su debido tiempo, y reemplazarlos cuando caduquen. Es fundamental tener un plan de sustitución de tecnología que paulatinamente actualice los aparatos y que provea opciones de reemplazo en caso de averías inesperadas.

Recapitulando, en su ruta hacia la cibermadurez:

- Las personas buscan el crecimiento. Un personal de tecnología más maduro tiene más conocimiento y está mejor preparado.
- Los sistemas buscan la efectividad. Un sistema de tecnología más maduro logra sus objetivos con mayor frecuencia y mayores garantías.
- Los procesos buscan la eficiencia. Un proceso de tecnología más maduro reproduce los mismos resultados, la mayoría de las veces y de forma fidedigna.
- Las políticas buscan la normalidad. Una política de tecnología más madura provee mayor seguridad y controla mejor los riesgos.
- Los aparatos buscan el soporte y el mantenimiento. Unos aparatos más maduros están menos sujetos a fallas inesperadas.

Beneficios

La cibermadurez trae varios beneficios. En el **Capítulo 3** describí los tres propósitos de la tecnología: estrategia, táctica e inteligencia. La cibermadurez ofrece beneficios en cada una de estas áreas.

La cibermadurez te ayuda a determinar tu estado actual, a establecer tu dirección y a instrumentar tus controles para la evaluación. En esto integra los tres propósitos de la tecnología por definición. La ubicación coincide con la estrategia, la dirección con la táctica y la evaluación con la inteligencia.

La cibermadurez se alinea a tus metas estratégicas, tus objetivos tácticos y tus decisiones inteligentes.

La cibermadurez te ahorrará miles de dólares y cientos de dolores.

La cibermadurez afirmará lealtades y resultará en alianzas a largo plazo con tus empleados y voluntarios y con tus proveedores de servicios.

La cibermadurez te ayudará a reconocer tendencias negativas y a aplicar los correctivos oportunos para revertirlas.

La cibermadurez te facilitará herramientas de evaluación, sencillas pero poderosas.

¿Cómo entonces evaluamos la tecnología en el ministerio? ¿Cómo se mide la madurez en términos concretos? Este es el tema del siguiente capítulo.

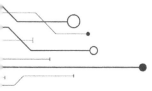

EVALUANDO LA MADUREZ

*La madurez es aquella edad en que uno ya no se
deja engañar por sí mismo.*

– RALPH WALDO EMERSON.

*Pensemos en la perplejidad de un hombre que,
fuera del tiempo y del espacio, ha perdido su
reloj, su regla de medir y su diapasón. Creo que
este es el estado que constituye la muerte.*

– ALFRED JARRY.

Hace un par de años tuve el privilegio de implementar el sistema de recuperación en caso de desastres para cierta institución educativa. El proyecto consistía en proteger la información financiera en una ubicación geográfica distante, de tal manera que si llegase a haber un desastre natural en la zona, los sistemas pudiesen seguir funcionando en la otra localidad en tan solo minutos.

Cuando se establecen sistemas de alta disponibilidad como estos, hay dos mediciones que regulan las características técnicas del diseño y la implementación. Estas se conocen como MTBF (por sus siglas en inglés, *Mean Time Between Failures*, o tiempo promedio entre fallas) y MTTR (también del inglés, *Mean Time To Recover*, o tiempo promedio de recuperación).

La idea es que tu MTBF sea un número mucho más alto, calculado en meses o hasta años, mientras que MTTR sea un número mucho menor, calculado en minutos o segundos, de ser posible. En otras palabras, se busca que las fallas de los sistemas estén más espaciadas mientras que el tiempo que toma recuperarse de una falla sea mucho más rápido.

Recuerdo que aún no habíamos iniciado las obras de implementación cuando uno de los sistemas tuvo un fallo. El disco duro principal donde se encontraba la base de datos se corrompió y dejó de funcionar. Era la tercera vez en el año que esto sucedía, pero, cómo no se monitoreaba el funcionamiento de los discos, los administradores no se dieron cuenta y no pudieron mover la información a los discos de respaldo antes de que sucediera.

Por fortuna, habíamos configurado el sistema para tomar un respaldo (*backup*) de la información todas las noches y la almacenaba en un lugar fuera de la computadora que ahora estaba dañada. Sin embargo, no teníamos discos duros de repuesto del mismo modelo que la computadora requería. Tuvimos que ordenar el disco del fabricante. El fabricante no tenía esos discos disponibles porque estas computadoras estaban descontinuadas, de manera que hicieron una orden especial. El disco llegó a la oficina una semana después y, gracias al respaldo que configuramos, pudimos recuperar el sistema.

Estas experiencias nos permitieron calcular una base de disponibilidad que se veía así:

MTBF = 4 meses
MTTR = 10 días

Como te podrás imaginar, se perdieron horas valiosas de trabajo durante la semana y media que el sistema dejó de estar disponible. Departamentos enteros quedaron paralizados. Cuando el sistema volvió a la normalidad, la institución tuvo que contratar empleados temporales para ponerse al día con la entrada de datos y el retraso causado.

MTBF y MTTR tienen un impacto directo sobre las finanzas y las operaciones de cualquier organización. En un sistema inmaduro, las fallas ocurren con más frecuencia y el tiempo para recuperarse es mucho más largo.

El proyecto de recuperación en caso de desastre tomó estos datos en cuenta. El objetivo se convirtió en configurar un sistema que extendiera MTBF a varios años y que redujera MTTR a menos de diez minutos. Pusimos en marcha un proceso de madurez tecnológica que, me complace reportar, fue exitoso.

Que, ¿cómo lo sé? Porque corrimos varias pruebas simulando la ruptura del sistema y activando el proceso de recuperación en menos de diez minutos de manera consistente. Medimos los resultados todas las veces y llevamos una bitácora con la información pertinente para confirmar nuestro progreso.

Si algo vale la pena,
vale la pena contarlo.

Si algo vale la pena vale la pena contarlo. Si pierdes tu reloj, tu regla y tu diapasón estás muerto; si pierdes tus instrumentos de medir lo puedes dar por perdido. Pero cuanto más detalladas sean tu cuentas más rápida será tu recuperación. Por eso es que tenemos que evaluar nuestros procesos de madurez.

Además, la evaluación continua te mantiene a cuentas con los demás y con los pies puestos en la tierra de manera que no te engañes a ti mismo.

¿Quieres saber si la asistencia a la iglesia crece o decrece? Debes contar. ¿Quieres saber si visitan tus páginas de Internet? Tienes que usar herramientas de medición como Google Analytics. ¿Quieres asegurarte de que la gente está viendo el culto por tu aplicación móvil? Entonces la plataforma que uses debe incluir maneras de medir los detalles de participación.

Trabajo en equipo

En este capítulo quiero sugerir tres herramientas de evaluación: la escala de actitudes, los carriles de principios, y la rueda de tecnología; pero antes, quiero asegurarme de que estas herramientas se utilicen como parte de una evaluación en equipo.

Como verás más adelante, tu equipo de trabajo es crítico para todo desarrollo tecnológico. Esto también aplica a la evaluación de la madurez.

Dependiendo del tamaño de tu ministerio, organiza un grupo de personas que puedan hacer la evaluación de la madurez de la tecnología. Un equipo entre 5 a 10 integrantes es ideal.

Es preferible que cada una de estas personas esté por lo menos familiarizada con los conceptos de este libro aunque sería mucho más efectivo lo leyeran en grupo. Algunas ideas para iniciar este proceso de preparación serían:

1. Compra una copia para cada miembro del equipo y ponle fecha límite a la lectura.
2. Divide el equipo en grupos pequeños de no más de 3-4 personas para lectura y discusión.
3. Crea un club de lectura en Goodreads. Goodreads es un sitio web que te permite llevar un registro de todos tus libros y crear clubes de lectura. De esta manera podrás ver en un solo lugar todos los comentarios del equipo.
4. Dirige a los miembros de tu equipo a unirse al club oficial de lectura Cibermadurez en Goodreads

(https://www.goodreads.com/group/show/180722-cibermadurez). De esta manera podrás participar en la conversación junto con otros ministerios que pasan por el mismo proceso. Todos los libros de la bibliografía están incluidos en este grupo para tu fácil ubicación.

5. Respondan juntos las preguntas en el **Apéndice D: Para la discusión** al final del libro.

6. Organiza una charla previa a la evaluación donde revisas los conceptos del mapa de madurez.

7. Aunque el enfoque de este libro no es de aplicación personal, pídele a cada miembro del equipo de evaluación que aplique los conceptos al uso que le dan a alguna tecnología.

Decide con anterioridad cómo vas a iniciar el proceso, siguiendo algunas de estas ideas. Una vez que decidas el método que vas a utilizar, pasa entonces a organizar tu equipo de evaluación.

Tu equipo de trabajo es crítico para todo desarrollo tecnológico.

La composición de tu equipo es primordial. Sugiero que incluyas a una persona de la congregación que no trabaje en el liderazgo para que puedas capturar también la perspectiva de los miembros. Tu equipo de evaluación de madurez tecnológica en la iglesia quedaría compuesto así:

1. El pastor. La participación del pastor es crítica. Junto con los líderes ministeriales, el pastor está encargado de definir el rumbo estratégico de la organización.

2. Algunos líderes de áreas ministeriales. De igual manera. La evaluación de la madurez tecnológica tiene fines

estratégicos, y es trascendental que los líderes participen de la evaluación. Cuáles líderes depende de la organización particular de tu iglesia o institución.

3. El director de tecnología y el director de medios. Es posible que estos no sean títulos oficiales, pero con seguridad hay algunas personas encargadas de coordinar el sonido, los medios audiovisuales o los sistemas de uso en la oficina.

4. Algunos miembros de tu equipo de tecnología. Delegados por el director de tecnología para realizar ciertas funciones de rutina. Es posible que sean el personal más tecnificado de la iglesia u organización.

5. Miembro laico. Aunque no me gusta la distinción entre laicos y clero, ya que todos somos sacerdotes para Dios, creo que se entiende la distinción. Este es un miembro de la congregación que se identifica como un usuario final de la tecnología.

Asegúrate de que haya un alto nivel de compromiso con el proceso. Los miembros de tu equipo deben cumplir con las fechas límites, para leer el libro por ejemplo; con las reuniones regulares, si escogiste formar grupos pequeños; o con escribir sus evaluaciones personales para compartirlas con el resto.

Cada miembro debe responder de forma brutalmente honesta, en la medida de su conocimiento y con la mejor disposición a aprender. Cuando tu equipo esté preparado para hacer la evaluación, utiliza las tres herramientas que se dan a continuación.

Escala de actitudes

Esta es la pregunta que necesitamos contestar primero: ¿Cuál es la rata de inmadurez en nuestras actitudes hacia las tecnologías ministeriales? Esto lo hacemos evaluando las actitudes hacia la madurez.

¿Recuerdas las tres áreas de la cibermadurez? Al contabilizar las actitudes hacia la madurez de nuestros programas de tecnología creamos un mapa visual de ubicación. Mejor aún, si contabilizamos la madurez por un tiempo prolongado, descubriremos la dirección de las tendencias para saber si estamos avanzando o si estamos a la deriva.

Aunque se puede evaluar la tecnología en la iglesia como un todo, la evaluación tendría más sentido si la ubicas en el contexto de alguna iniciativa tecnológica en particular. Por ejemplo, ¿Cuáles son las actitudes respecto al sitio web de la iglesia? O, ¿cuáles son las actitudes hacia el sistema de membresía?

Nombre del participante:										
Temor										Amor
-5	-4	-3	-2	-1	0	1	2	3	4	5
Resistencia										Mansedumbre
-5	-4	-3	-2	-1	0	1	2	3	4	5
Conformidad										Emprendimiento
-5	-4	-3	-2	-1	0	1	2	3	4	5
Ceguera										Visión
-5	-4	-3	-2	-1	0	1	2	3	4	5
Familiaridad										Innovación
-5	-4	-3	-2	-1	0	1	2	3	4	5
Esterilidad										Fructificación
-5	-4	-3	-2	-1	0	1	2	3	4	5
Gran total										

Figura 3: Escala de actitudes

La escala que se muestra en la Figura 3 representa la evaluación de actitudes hacia la madurez tecnológica en el ministerio.

La escala va de las actitudes negativas a las actividades de remplazo; usando la terminología del **Capítulo 2**: del grafiti a la pizarra. Asigna valores del -5 al 5 a la percepción de cada una de las actitudes para luego calcular un resultado final de actitud general. Este resultado final muestra el sentimiento general del equipo que hace la evaluación.

Para utilizar la escala de actitudes, sigue estas instrucciones sencillas:

1. Revisa el **Capítulo 2** si necesitas refrescar los conceptos sobre las **actitudes de inmadurez**.

2. Compromete a cada miembro del equipo a ser honesto en sus respuestas (a fin de cuentas somos cristianos veraces).

3. Haz que cada miembro del equipo circule su percepción acerca de cada una de las seis actitudes representadas. Para ello puedes usar el **Apéndice A**.

4. Conecta los círculos con una línea, esto te permitirá tener una ayuda visual de tu estado presente.

5. Calcula el total de puntos de cada sección y el gran total de la escala.

6. Crea una pequeña tabla para registrar los resultados de cada miembro y calcula los totales finales.

7. Calcula los promedios de cada área y llena una nueva escala de actitudes con estos promedios.

8. Guarda los resultados para futuras consultas.

Al finalizar la evaluación, la escala de actitudes se vería como se muestra en la Figura 4. El estado ideal es aquel en el cual todos los círculos se alinean con el mismo valor al lado positivo de la escala. Esto casi nunca sucede.

Cada miembro del equipo tendrá una percepción distinta desde su punto de vista, y esto está bien. Algunos miembros son más positivos en su evaluación y otros más negativos, esto también es aceptable.

Es probable que salgan a flote quiénes son los optimistas y los pesimistas. Valida a cada miembro por su participación y no juzgues sus respuestas.

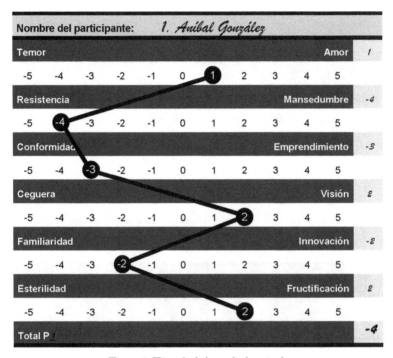

Figura 4: Ejemplo de la escala de actitudes

Recuerda que el propósito del ejercicio es poder determinar el sentimiento general con respecto a la madurez de la tecnología en tu ministerio.

Una forma sencilla de calcular los totales por equipo se muestra en la Figura 5. Escribe los nombres de cada participante y sus totales. Luego calcula los totales generales para cada una de las actitudes y los promedios. Finalmente, calcula el gran total y el gran promedio.

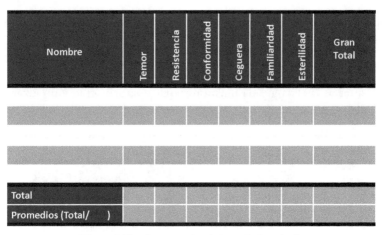

Nombre	Temor	Resistencia	Conformidad	Ceguera	Familiaridad	Esterilidad	Gran Total
Total							
Promedios (Total/)							

Figura 5: Totales por equipo de la escala de actitudes

Al completar la información, la tabla se verá tal cual lo muestra la Figura 6.

El máximo de puntos que el miembro más optimista puede otorgar es treinta (30) y el más pesimista es menos treinta (-30), esto es el máximo puntaje (5) por cada una de las seis (6) actitudes.

Nombre	Temor	Resistencia	Conformidad	Ceguera	Familiaridad	Esterilidad	Gran Total
Aníbal González	1	-4	-3	2	-2	2	-4
Patricia Hernández	2	-1	-2	2	0	1	2
María Restrepo	2	-1	-3	1	0	1	0
Ernesto Pinto	2	1	3	0	1	2	9
Pedro Martínez	-3	-1	1	2	2	2	3
Total	4	-6	-4	7	1	8	10
Promedios (Total/ 5)	0.8	-1.2	-0.8	1.4	0.2	1.6	2

Figura 6: Ejemplo de totales por equipo de la escala de actitudes

Calcula el total de puntos posibles para todo el equipo.

Máximo por equipo = 30 x (___ # participantes)

Mínimo por equipo = -30 x (___ # participantes)

El mínimo y el máximo establecen el rango de la escala por equipo. Calcula la diferencia entre el total general y la escala por equipo y calcula el porcentaje del total de puntos obtenidos respecto al total de puntos posibles. Este porcentaje representa el sentimiento general del equipo con respecto a la madurez de la tecnología en tu organización.

En el ejemplo de la Figura 6, el rango de la escala por equipo va de -150 a 150. Esto es un rango de trescientos (300) puntos. El total general del equipo es de diez (10). Esto equivaldría a un sentimiento general expresado en porcentaje (160/300) del 53%. Apenas favorable con mucho espacio para crecer.

Grafica los promedios totales en una nueva escala (como la de la Figura 4). Esta escala representa los valores de todo el equipo. Una vez concluida la evaluación, prosigue al análisis de los resultados. A continuación ofrezco algunas preguntas que pueden facilitar la discusión sobre la Escala de actitudes.

1. ¿Qué significado tiene el porcentaje de sentimiento general?
2. ¿Coincide el sentimiento general con la apreciación subjetiva del equipo?
3. ¿Qué podemos hacer para remediar el sentimiento general?
4. ¿Quién es el miembro más pesimista y por qué? ¿Y el más optimista?
5. ¿Cuál es la actitud que obtuvo los resultados más bajos? ¿Y más altos?
6. ¿Qué actividades podemos promover para mejorar las actitudes negativas?

7. ¿Cómo se compara esta evaluación respecto a la misma evaluación en períodos anteriores? ¿Cuáles son las tendencias?

8. Cuando se termine con las tres herramientas, regresa a la escala y pregunta: ¿Cómo los datos de la escala de actitudes informa los carriles de principios y la rueda de tecnología?

Carriles de principios

Con esta herramienta se busca conseguir respuesta a la pregunta: ¿Cuánto rigen los principios de madurez tecnológica nuestra práctica ministerial? Dirigir por principios es como dirigir por instrumentos.

Al contabilizar cuánto rigen los principios de madurez nuestros programas de tecnología durante un tiempo prolongado creamos un mapa visual de dirección. Los cinco principios se pueden representar como si fuesen carriles en una pista de carrera, y son los siguientes:

Figura 7: Carriles de principios

La madurez busca cambiar el comportamiento humano en su interacción con el ambiente y la tecnología. No soy un experto en psicología, pero el comportamiento se modifica substituyendo una conducta no deseada con una conducta deseada durante un tiempo sostenido. No amaneces un día en el siguiente nivel de madurez, de repente, sino mediante pequeños cambios graduales que comienzan de la nada.

Si tu programa de tecnología va en sentido creciente en el transcurso del tiempo, está madurando, pero si va en sentido decreciente, no lo está. Así de simple. Una espiritualidad fría deja de reproducir, si deja de reproducir abandona la vitalidad, sin vitalidad no hay transformación, y sin transformación visible se comienzan a sustituir las conductas deseable por las no deseables.

Es por esto que la sensación que a veces puedes tener de retroceso es más que una sensación. Es una percepción acertada de la realidad. Si no avanzas retrocedes. Incluso el estancamiento, el cual pudiese ser una postura válida, es retroceso cuando lo consideras en relación con el contexto, ¿No es entonces crítico medir la dirección de la madurez?

La Figura 8 es una muestra del cuestionario que evalúa los principios de madurez. El **Apéndice B** ha sido provisto con el cuestionario completo. Si deseas obtener una copia electrónica del cuestionario y todas las demás herramientas de evaluación para imprimirlas, visita www.ciberministerio.com.

La evaluación de los principios de madurez se hace entonces de forma cuantitativa mediante este cuestionario estandarizado que consiste de treinta y seis (36) declaraciones y una escala de cuatro respuestas a las cuales se valora del 0 al 3.

0 = Nada
1 = Poco
2 = Algo
3 = Mucho

Hay seis (6) afirmaciones por cada principio con seis (6) preguntas relacionadas a asuntos estratégicos de la misión. Además, no están organizadas en ningún orden aparente.

#	Afirmación	Nada	Poco	Algo	Mucho
1	Hemos podido discernir nuestro llamado al ministerio y damos pasos para ejercerlo	☐	☐	☐	☐
2	Si pienso en la capacidad que la tecnología tiene para prolongar la vida, puedo citar algunos ejemplos en mi mente	☐	☐	☐	☐
3	La visión de la iglesia está escrita en detalle y los líderes entienden hacia dónde nos dirigimos como organización	☐	☐	☐	☐
4	Con seguridad aspiro a que el ministerio de la iglesia progrese al próximo paso de madurez tecnológica	☐	☐	☐	☐
5	La iglesia trata de explorar diferentes alternativas para resolver los problemas tecnológicos que se le presentan a diario	☐	☐	☐	☐
6	La tecnología nos ayuda a vivir en devoción a Dios, sabiendo que nuestro objetivo primordial es el de adorarle	☐	☐	☐	☐
7	Todo lo que hacemos y tenemos que hacer debe ser guiado por la excelencia; la excelencia glorifica a Dios y añade más honra a Su nombre	☐	☐	☐	☐
8	Hay una relación directa entre la tecnología que uso y el crecimiento que veo en el ministerio; mejor tecnología mayor crecimiento	☐	☐	☐	☐
9	Cada vez que hay un cambio, se me hace fácil ajustar mi comportamiento y mi rutina para adaptarme	☐	☐	☐	☐
10	Tenemos un mapa definido que cualquiera puede seguir para ser discípulos de Jesucristo y lo seguimos activamente	☐	☐	☐	☐

Figura 8: Cuestionario: Carriles de principios de madurez tecnológica

Para llenar el cuestionario, sigue estas instrucciones sencillas:

1. Revisa el **Capítulo 4** si necesitas refrescar los conceptos expresados sobre los principios de madurez.
2. Compromete a cada miembro del equipo a ser honesto en sus respuestas. Recuérdales que la idea es capturar la apreciación personal que tiene cada uno de la tecnología. No se va a penalizar la honestidad.
3. Deja que cada miembro del equipo marque su respuesta a cada una de las declaraciones. Que no le dé segundo pensamiento a su respuesta sino que marque la primera respuesta que le viene a la mente.

4. Haz una tabla con los valores asignados a cada respuesta del 0-3 por cada participante.

5. Agrupa los puntajes por cada una de los cinco principios por cada participante. Para hacer esto, sigue la "Clave de las respuestas del cuestionario" del **Apéndice B**.

6. Crea una pequeña tabla para registrar los resultados de cada miembro y calcula los totales finales para todo el equipo.

7. Escribe los valores en tus carriles de principios.

8. Guarda los resultados para futuras consultas.

Los totales para todo el equipo se pueden registrar en una tabla similar a la de la sección anterior, sólo que los valores serán mucho más altos en virtud del cuestionario que colecciona la data.

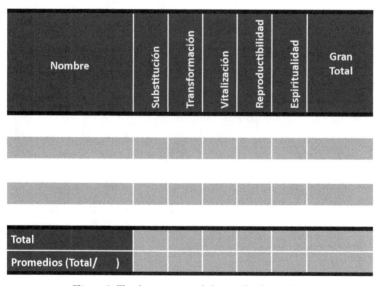

Figura 9: Totales por equipo de los carriles de principios

Al completar la información, la tabla se verá tal cual lo muestra la Figura 10.

El máximo de puntos que el miembro más optimista puede otorgar por cada principio es dieciocho (18), esto es el máximo puntaje (3) por cada una de las seis (6) preguntas asignadas a cada principio, para un total máximo de noventa (90) puntos para todo el cuestionario de principios.

No incluye los dieciocho puntos que se le atribuirían a las preguntas estratégicas. El valor más pesimista posible es cero (0). Nota que no hay valores negativos.

Calcula el total máximo de puntos posibles para todo el equipo. En nuestro ejemplo con cinco (5) participantes, este sería cuatrocientos cincuenta (450) puntos.

Máximo por equipo = 90 x (___ # participantes)

El mínimo y el máximo establecen el rango de la escala por equipo. Calcula la diferencia entre el total general y la escala por equipo y calcula el porcentaje del total de puntos obtenidos respecto al total de puntos posibles. Este porcentaje representa la dirección general del equipo con respecto a los principios de madurez de tecnología en tu organización.

Nombre	Substitución	Transformación	Vitalización	Reproductibilidad	Espiritualidad	Gran Total
Aníbal González	11	15	9	4	6	45
Patricia Hernández	8	16	6	1	10	41
María Restrepo	9	13	5	4	10	41
Ernesto Pinto	11	14	7	11	9	52
Pedro Martínez	12	16	8	7	8	51
Total	51	74	35	27	43	230
Promedios (Total/ 5)	10.2	14.8	7	5.4	8.6	46.0

Figura 10: Ejemplo de totales por equipo de los carriles de principios

En el ejemplo de la Figura 10, el rango de la escala por equipo va de 0 a 540. El total general del equipo es de doscientos treinta (230). Esto equivaldría a una predisposición general hacia la madurez expresada en porcentaje (230/450) del 51.1%. El principio dominante sería el de la transformación.

Registra los promedios totales en unos carriles (como los de la Figura 7). Estos carriles representan los valores de todo el equipo.

Ahora contabiliza la percepción grupal respecto de la estrategia ministerial con las preguntas correspondientes.

Son seis (6) preguntas con un puntaje máximo de tres (3) puntos para cada una, lo cual, en nuestro ejemplo de cinco (5) miembros del equipo representaría un máximo de 15 puntos por cada pregunta. Llena una tabla con los totales del equipo como la de la Figura 11.

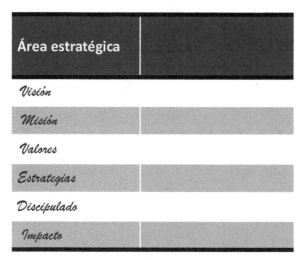

Área estratégica	
Visión	
Misión	
Valores	
Estrategias	
Discipulado	
Impacto	

Figura 11: Tabla de áreas estratégicas

Muchos otros datos y cálculos se pueden derivar de toda la data recopilada por esta herramienta de evaluación, pero lo más importante es utilizarla para fomentar la discusión de tu equipo de trabajo. A continuación ofrezco algunas preguntas que pueden facilitar dicha discusión sobre los Carriles de principios.

1. ¿Qué significado tiene el porcentaje de predisposición general?
2. ¿Coincide la dirección general con la apreciación subjetiva del equipo?
3. ¿Qué podemos hacer para redirigir el curso si es necesario?
4. ¿Quién es el miembro más pesimista y por qué? ¿Y el más optimista?
5. ¿Cuál es el principio que obtuvo los resultados más bajos? ¿Y más altos?
6. ¿Qué actividades necesitamos substituir para movilizarnos a la espiritualidad?
7. ¿Cómo se compara esta evaluación respecto a la misma evaluación en períodos anteriores? ¿Cuáles son las tendencias?
8. Cuando se termine con las tres herramientas, regresa a los carriles y pregunta: ¿Cómo los datos de los carriles de principios informan a la escala de actitudes y a la rueda de tecnología?

Rueda de tecnología

Finalmente, necesitas responder esta pregunta: ¿Cuál es el balance de cuentas de cada una de las áreas de la tecnología en nuestra práctica ministerial? Ese es el propósito de esta herramienta.

Al contabilizar cada una de las cinco áreas de la tecnología con respecto a los siete pasos completamos la medición de la cibermadurez. Recordemos que las cinco áreas, basado en mi definición de la tecnología del **Capítulo 3**, son las siguientes:

1. Personas
2. Sistemas
3. Procesos
4. Políticas
5. Aparatos

Y los niveles de madurez (Figura 2) son:

1. Iniciar
2. Indagar
3. Intentar
4. Implementar
5. Idear
6. Identificar
7. Innovar

Esto está representado en la Figura 12 a continuación.

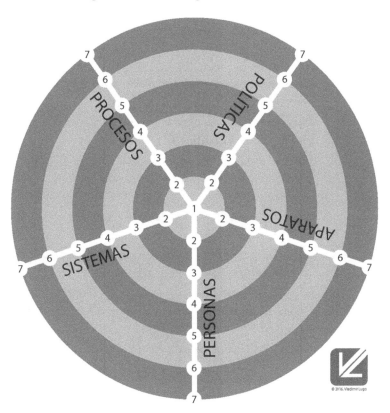

Figura 12: Rueda de tecnología

La madurez de cada una de las áreas de la tecnología se puede evaluar utilizando una rueda de círculos concéntricos. Los números del 1 al 7 representan los pasos o etapas de la madurez. Los círculos concéntricos corresponden estos pasos. Las cinco áreas de la tecnología están representadas por las cinco líneas radiales.

Para evaluar el estado de la tecnología en tu ministerio, sigue estas instrucciones:

1. Revisa los **Capítulos 3, 5 y 7** si necesitas refrescar los conceptos expresados sobre la *tecnología* y el *mapa de madurez*.
2. Compromete a cada miembro del equipo a ser honesto en sus respuestas. No hay respuesta correcta ni equivocada.
3. Haz que cada miembro del equipo marque su percepción acerca de la madurez para cada una de las cinco áreas de la tecnología. Puedes usar la rueda provista en el **Apéndice C**.
4. Conecta los puntos con una curva, esto te permitirá tener una ayuda visual del estado presente de la tecnología.
5. Calcula el total de puntos de cada sección y el gran total de la rueda.
6. Crea una pequeña tabla para registrar los resultados de cada miembro y calcula los totales finales.
7. Calcula los promedios de cada área y llena una nueva rueda de tecnología con los promedios de todo el equipo.
8. Guarda los resultados para futuras consultas.

La figura que obtendrás será algo parecido a la Figura 13.

En el ejemplo, consideraste que tienes un grado 4 de madurez en cuanto a los aparatos que has comprado pero un grado 3 en cuanto a las personas necesarias para manejarlos. Esto representa un desbalance. Así sucesivamente para cada uno de los cinco elementos de la tecnología, se puede asignar un nivel de madurez del 1 al 7.

Una madurez perfecta implicaría una rueda perfecta de nivel 7, lo cual es, no imposible sino difícil de lograr, pero representa el estado ideal.

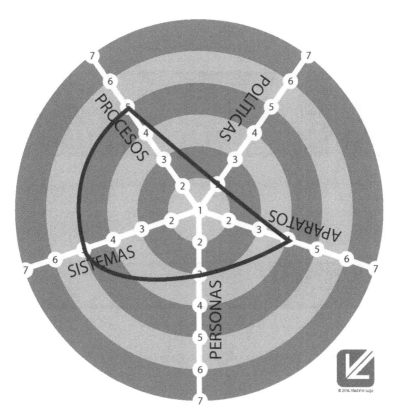

Figura 13: Ejemplo de la rueda de tecnología

Si tu rueda de tecnología dista de ser precisamente eso, una rueda, prepárate para tener un viaje accidentado. La rueda es una representación gráfica del estado de la tecnología en tu ministerio e identifica las áreas en las cuales necesitan crecer.

Los totales para todo el equipo se pueden registrar en una tabla similar a la de la sección anterior como se muestra en la Figura 14. Y al completar la información, la tabla se verá tal cual lo muestra la Figura 15.

El máximo de puntos que el miembro más optimista puede otorgar al sumar las cinco áreas es treinta y cinco (35), esto es el máximo puntaje (7) por cada una de las cinco áreas (5). El más pesimista es cero (0). Note que tampoco hay valores negativos.

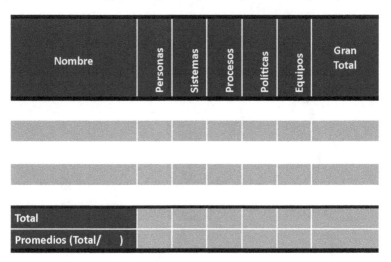

Figura 14: Totales por equipo de la rueda de tecnología

Calcula el total máximo de puntos posibles para todo el equipo.

Máximo por equipo = 35 x (___ # participantes)

El mínimo y el máximo establecen el rango de la rueda por equipo. Calcula la diferencia entre el total general y el rango por equipo y calcula el porcentaje del total de puntos obtenidos respecto al total de puntos posibles. Este porcentaje representa la etapa de cibermadurez en la cual se encuentra tu organización, si ubicas cada paso de cibermadurez en una escala que se incrementa cada 14% (100% dividido entre 7 pasos).

Nombre	Personas	Sistemas	Procesos	Políticas	Equipos	Gran Total
Aníbal González	3	5	2	1	4	15
Patricia Hernández	3	3	1	2	3	12
María Restrepo	4	5	3	1	3	16
Ernesto Pinto	4	4	2	1	3	14
Pedro Martínez	3	4	3	3	5	18
Total	17	21	11	8	18	75
Promedios (Total/ 5)	3.4	4.2	2.2	1.6	3.6	15

Figura 15: Ejemplo de totales por equipo de la rueda de tecnología

En el ejemplo de la Figura 15, el rango de la escala por equipo va de 0 a 175 (5 miembros x 35 puntos cada uno). El total general del equipo es de setenta y cinco (75). Esto equivaldría a un estado de madurez de la tecnología expresada en porcentaje (75/175) del 43% lo cual ubicaría a tu equipo en el Paso 3 o Intentar.

Registra los promedios totales en una rueda de tecnología nueva (como la de la Figura 12). Esta rueda representa los valores de todo el equipo.

Por último, discute con todos los miembros de tu equipo el significado de estos resultados. Las siguientes preguntas pueden facilitar la discusión sobre la Rueda de tecnología.

1. ¿Qué significado tiene el nivel de cibermadurez?
2. ¿Coincide la madurez general con la apreciación subjetiva del equipo?
3. ¿Qué puedes hacer para nivelar la rueda en el nivel más alto alcanzado en las áreas más maduras?
4. ¿Quién es el miembro más pesimista y por qué? ¿Y el más optimista?

5. ¿Cuál es el área de tecnología que obtuvo los resultados más bajos? ¿Y más altos?

6. ¿Qué cosas pueden movilizarte hacia la innovación?

7. ¿Cómo se compara esta evaluación respecto a la misma evaluación en períodos anteriores? ¿Cuáles son las tendencias?

8. Ya terminaste con las tres herramientas, regresa a la escala y a los carriles y pregunta: ¿Cómo los datos de la rueda de tecnología informan a la escala de actitudes y a los carriles de principios?

9. ¿A qué conclusiones finales podemos llegar?

10. Toma notas de todas las conclusiones de la evaluación y guarda el documento para posteriores consultas.

11. Haz una lista de acciones que vas a tomar y ponles un límite de tiempo. Para cada acción, especifica ¿qué resultado de la evaluación pretendes corregir?

12. Asigna a miembros del equipo encargados de darle seguimiento a cada una de las alternativas de crecimiento.

Esta Rueda de tecnología la puedes utilizar para evaluar el estado general de la tecnología en tu organización, pero también la puedes utilizar para evaluar el estado de tecnologías particulares en las cuales estés enfocando esfuerzos de madurez.

Esto quiere decir que crearás varias ruedas de tecnología durante tu evaluación. Una global. Otra para los instrumentos musicales, otra para el equipo audiovisual, otra para el software de membresía, otra para el sistema de las ofrendas, y así sucesivamente.

Recomendaciones

La evaluación de la madurez de la tecnología en el ministerio es un proceso de alta subjetividad. Está basado en las apreciaciones individuales acerca de actitudes, y de cuán bien el equipo de evaluación siente que la iglesia u organización se ajusta a ciertos principios generales. Yo estoy consciente de esto.

Hay quienes piensan que no se puede medir la subjetividad. Pero si esto fuese cierto, casi todos los métodos de investigación en las ciencias serían una pérdida de tiempo.

William Thomson, el físico y matemático irlandés, dijo:

> Cuando puedes medir aquello de lo que hablas, y lo expresas mediante números, entonces sabes algo al respecto; pero cuando no lo puedes medir, cuando no lo puedes expresar en números, tu conocimiento es pobre e insatisfactorio.[27]

¿Quién fue William Thomson? El mismo Lord Kelvin, creador de la escala absoluta de la temperatura que lleva su nombre (°K). En su época se pensaba que no se podía medir la temperatura absoluta, porque se consideraba un concepto subjetivo.

Al asignar valores a conceptos que son relativamente subjetivos podemos analizar las tendencias de estos valores y el sentimiento general de los participantes. Los números, aunque sean simples, son el comienzo del conocimiento.

Esto no es poca cosa. Si el liderazgo de tu organización "siente" que hay progreso, es posible que sí lo haya y esta sensación puede repotenciarles para seguir trabajando. Pero si no sienten el progreso, entonces estarán desmotivados y obstaculizarán el crecimiento.

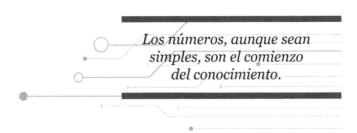

Los números, aunque sean simples, son el comienzo del conocimiento.

Un ejemplo clásico de esto, es el de utilizar la tecnología con el propósito de comunicar la visión de la iglesia. Esto significaría que la visión se comunique desde el púlpito, sí, pero que también se comunique visualmente por medio de pancartas impresas, por medio de materiales audiovisuales y por tu presencia digital.

Puedes producir videos reforzando la visión. Puedes componer música e incorporarla en tu servicio de adoración con el tema de la visión para que la congregación la cante. Y hasta puedes crear un kit de medios digitales para que los miembros compartan la visión por las redes sociales.

Esto podría llegar a ser un buen uso alternativo de las tecnológicas ministeriales; no sólo involucraría a la iglesia en cuestiones relacionadas con la tecnología, sino además podría dar resultados más visibles en tanto las personas van captando la visión. Otros métodos para medir la visión se pudiesen idear siguiendo las tres herramientas sugeridas en esta sección.

Por otro lado, es posible que el sentimiento no coordine completamente con la realidad cuando se analizan dichas tendencias. Una manera de contrarrestar esto es formando un equipo de evaluación variado, tal y cómo lo describiera en una sección anterior de este mismo capítulo. Un equipo de trabajo honesto, sincero y comprometido puede representar la diferencia.

Otra manera es contratando a un asesor externo que pueda guiar el proceso y ofrecer una perspectiva más objetiva, desde afuera. Trato este tema en el **Capítulo 10**.

Quiero hacer algunas recomendaciones finales acerca del proceso evaluativo.

1. Corre una evaluación inicial antes de comenzar una iniciativa de tecnología. Esta evaluación inicial establece la base para comparaciones posteriores.

2. Haz evaluaciones periódicas. Es buena idea correr evaluaciones por trimestre, por semestre o por año. Decide la frecuencia de tus evaluaciones con anterioridad.

3. Invita a que todo tu equipo de líderes llene las evaluaciones de manera independiente, y luego calcula los totales y promedios para tener una evaluación final.

4. Compara tus resultados con la base y con los períodos anteriores para determinar las tendencias.

5. Determina si hay progresión o regresión en tu camino hacia la madurez y corrige el curso de ser necesario.

Toda herramienta de medida debe ser tomada en el contexto general de tu ministerio y de tu equipo de liderazgo. Al respecto te dejo con las palabras de William Cameron quien escribiera:

> "No todo lo que cuenta se puede contar, y no todo lo que se puede contar cuenta."[28]

El capítulo siguiente aplica los conceptos de madurez discutidos hasta ahora a un ejemplo particular de la tecnología en el ministerio con la finalidad de conectarlos a su aplicación práctica.

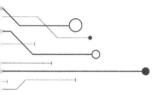

APLICANDO LA MADUREZ

Existir es cambiar, cambiar es madurar,
madurar es crearse a uno mismo sin cesar.

– HENRI BERGSON.

L legamos a casa de mi amigo con grandes expectativas. La reunión era más bien sencilla. El ambiente era festivo aunque relajado. Hacía varios meses que quería reunirnos a todos pero nuestras respectivas ocupaciones se habían cruzado en el camino. En la medida que fuimos llegando tomamos un lugar cómodo en la sala, con nuestro sándwich de un deli cercano y algo de tomar.

Esperamos varios minutos conversando de cualquier cosa en anticipación. Él es un hombre de negocios exitoso. Hace tiempo que desea ayudar a la comunidad cristiana apoyando a ministerios de buen testimonio y de trayectoria reconocida. Nos había contagiado con su mismo deseo de servir y por eso nos había reunido.

Al rato llegó el invitado de honor. Si se pudiera decir así, él es toda una celebridad cristiana en América Latina. Le acompañaba su mano derecha en el ministerio. Un ingeniero que había abandonado su carrera para seguirle y darle representación corporativa. Hablamos por varias horas. Nos hizo un resumen de su trabajo ministerial y trajo muestras de sus predicaciones. Su planteamiento era algo así:

"Este es mi trabajo ministerial. Quiero seguir haciendo lo mismo y que ustedes me ayuden a distribuirlo a un mayor número de personas."

De ninguna manera quiero descontar o minimizar su labor ministerial. Él ha hecho más por las familias latinoamericanas que lo que muchos políticos, economistas o empresarios hayan podido lograr. Su trabajo es excepcional. Su impacto mucho mayor. Ese no era el problema.

El problema de nuestro invitado de honor era un asunto de madurez. No que él sea una persona inmadura ni mucho menos, todo lo contrario. Se trataba de la madurez tecnológica de su ministerio. Él quería seguir haciendo lo mismo sin ver la necesidad de recrear o reinventar. Tampoco estaba dispuesto a multiplicarse en otros.

Aunque sus enseñanzas son poderosas, algunos de sus materiales todavía se distribuyen en casete magnético o disco compacto. Las grabaciones son de muy baja calidad – hasta se pueden oír los gritos de la gente y los ladridos de los perros en el fondo. Su presencia digital es muy pobre y su identidad digital muy dispersa.

Nuestro invitado necesitaba someterse a un proceso de reingeniería. Para poder madurar necesitas recrear las formas del ministerio sin cesar. El ministerio es el mismo, pero la forma debe estar sometida al escrutinio y al cambio constante.

Ingeniería inversa

Si alguna vez jugaste con bloques de armar, sabes que para poder armar algo nuevo, tienes que desarmar lo que habías creado antes. Para poder construir tienes que primero deconstruir. Una forma común de deconstrucción (y por ende de construcción) es la ingeniería inversa o retroingeniería.

En la retroingeniería, comienzas con el fin en mente. Desglosas todos las partes, desarmas todos los bloques y documentas el detalle de cada paso con el objetivo de poder reproducir el modelo.

La ingeniería inversa es apropiada para reducir la complejidad de un objeto o sistema, descubrir sus defectos y facilitar la reutilización. Sirve como mecanismo para imaginar tu nuevo estado de madurez y facilitar la innovación.

Innovación no significa que algo es absolutamente nuevo y que a nadie se le había ocurrido antes, sino que es nuevo para ti o para tu organización. Es muy probable que aquello que quieres alcanzar o llegar a construir, alguien más lo haya construido, y si no, con seguridad habrá algún modelo cercano que puedes usar de base.

Para poder madurar necesitas recrear las formas del ministerio sin cesar.

En ese caso, la innovación consiste en tomar los precedentes que conoces y adaptarlos a tus circunstancias particulares. Es por eso que en toda innovación hay un elemento de continuidad y un elemento de ruptura con lo existente.

Aplicas retroingeniería a la continuidad para introducir cambios contextuales que rompen con el diseño original y crean algo nuevo. Recuerda las palabras que ya estudiamos de Isaías 43:19 RVR1960: "Otra vez" significa utilizar lo que ya existía para crear lo nuevo.

La idea que sugiero con esto, es que puedes comenzar por analizar los componentes que observas en un ministerio más maduro que el tuyo en cuanto a tecnología, cernirlos por el mapa de madurez y utilizar principios de ingeniería inversa para aplicarlo a tu propio ministerio u organización. Este proceso se puede apreciar en la Figura 16.

Presencia digital

En el resto de este capítulo, quiero deconstruir la presencia digital de un ministerio hipotético al que llamaré Omega con el propósito de aplicar las observaciones a tu propio ministerio, suponiendo que Omega es un buen modelo a seguir para lo que quieres lograr.

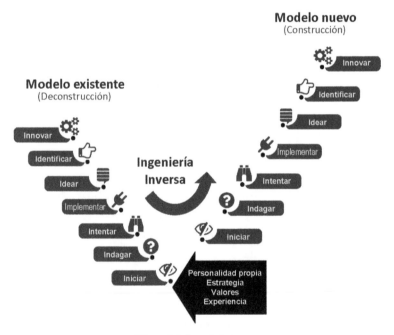

Figura 16: Ingeniería inversa

Para esto, voy a aplicar el mapa de madurez (**Capítulo 5**) en reversa observando cada uno de los cinco elementos de la tecnología (personas, sistemas, procesos, políticas y aparatos), tal como los definiera en el **Capítulo 3**.

La presencia digital de Omega es ejemplar. Es completa, integrada y clara. Ha desarrollado el potencial de sus ideas, su sitio web, el uso del correo electrónico y su presencia en las redes sociales.[29] Su estrategia de alcance le ha dado buenos resultados y llega a cientos de miles de seguidores con su mensaje.

Omega tiene un énfasis multiplicador, no solo en su proceso de ganar adeptos sino porque se ha reproducido en cientos de ministerios similares. Hasta organiza una convención anual con aquellas iglesias independientes que siguen su modelo para actualizarles con el uso de las tecnologías de vanguardia.

Utiliza múltiples herramientas en línea de manera efectiva y mantiene una plataforma que estimula el aporte de muchos otros líderes cristianos. Con sus políticas de participación y seguridad de la información se ha ganado la confianza del gremio. Con su capacidad de crear productos digitales de la más alta calidad ayuda a ministerios locales en sus respectivas misiones. Con su gestión autosostenida genera recursos financieros para aportar otras organizaciones.

Los empleados y voluntarios están comprometidos con la visión de Omega y ejecutan la misión corporativa. Están entrenados y calificados. Son altamente productivos y tienen oportunidades de desarrollo personal y ministerial.

En toda innovación hay un elemento de continuidad y un elemento de ruptura con lo existente.

Ahora, hagamos reingeniería paso a paso. Nos tendríamos que hacer la pregunta, ¿cómo se veía Omega en cada una de las áreas de la tecnología en cada etapa? Veamos.

Cibermadurez 7

Si evaluamos la madurez de Omega usando las herramientas del **Capítulo 8** sabríamos que se encuentra en este nivel de madurez: *Innovar*, por las siguientes razones:

Personas: Hay diversidad. Hay alineamiento estratégico con la visión y la misión. Tienen las habilidades necesarias para hacer su trabajo. Son creativos y aportan ideas. Tienen un sentido de propósito.

Sistemas: Genera finanzas y lleva una buena administración. Sigue un modelo claro e integrado de presencia digital. Alcanza a su comunidad y forma a sus líderes. Es obvio que sus programas de entrenamiento funcionan.

Procesos: Entiende el ciclo de producción y sigue procedimientos de control de calidad. Ha documentado el flujo de tareas y los resultados esperados para cada método. Ha hecho lo mismo para quienes aportan y para quienes desean reproducir su modelo.

Políticas: Ha delineado las calificaciones de los empleados y voluntarios, de quienes aportan contenido a su red y de quienes acceden a sus ayudas. Preservan la privacidad, la confidencialidad y los derechos de la información.

Aparatos: Tienen una plataforma estable y siempre disponible. Saben que para cada tipo de trabajo se necesitan herramientas y aplicaciones de software diferentes. Tienen planes de soporte, mantenimiento y renovación de los aparatos.

Cibermadurez 6

Es el nivel correspondiente a *Identificar*. Hay un énfasis en la asimilación. ¿Cómo se veía Omega en cada una de las áreas de la tecnología cuando estaba en cibermadurez 6?

Personas: Hubo revisión de personal para confirmar que se tenían todos los empleados necesarios y se crearon espacios para voluntarios. Se entrenó a la gente según su área de trabajo, tanto en entender la cultura corporativa y como en poseer las habilidades técnicas. El propósito era que las personas adquirieran la identidad corporativa del ministerio e identificaran la tecnología como esencial para la realización de la misión.

Sistemas: Los sistemas administrativos de personal, finanzas, alcance comunitario, comercio electrónico y aprendizaje se integraron para compartir información y operar en conjunto. Se escribieron muchos de los estándares y se eliminó en la medida de lo posible la duplicidad de la data.

Procesos: Se simplificaron y automatizaron tareas rutinarias. Se definieron los ciclos de producción y se crearon los procedimientos de control de calidad. El personal se identificó con su escalón en el flujo de tareas. Se generó mucha documentación corporativa. Se escribieron los manuales para colaboradores y para reproductores.

Políticas: Se estableció la directriz de que la tecnología se convertía en ventaja estratégica y que no se podía avanzar sin que estuviese permeando cada área del ministerio. Se escribieron y se publicaron las políticas de uso de recursos digitales, de confidencialidad, de derechos de autor y otras. Se escribieron los perfiles de los cargos para los empleados y las descripciones de las oportunidades para los voluntarios.

Aparatos: Se adquirieron aparatos más sofisticados y avanzados. Se puso en marcha un plan de renovación de aparatos que estaba avalado por el presupuesto general. Se implantó un sistema central de monitoreo, alertas y notificaciones para asegurarse la disponibilidad y rendimiento de los aparatos y sus respectivos servicios.

Cibermadurez 5

Este es el nivel que corresponde a *Idear* o pensar en un futuro que aún no existe. Hay un énfasis en la creatividad. Nos tendríamos que hacer la pregunta, ¿cómo se veía Omega en cada una de las áreas de la tecnología en esta etapa de cibermadurez 5? Veamos.

Personas: El liderazgo creó la identidad corporativa del ministerio mediante un proceso de planificación estratégica participativo. Se establecieron metas claras y se decidió incrustar a la tecnología en el seno de la misión. Todo el equipo de trabajo estaba sincronizado con la visión y la misión del ministerio, incluyendo el personal técnico.

Sistemas: Se establecieron reuniones rutinarias para la tormenta de ideas, para la retroalimentación de la creatividad y la evaluación regular. Se crearon los sistemas de producción y validación de contenido y un calendario regular de actualizaciones. Se estableció un sistema de administración de las redes sociales.

Procesos: Se sentaron las bases de análisis de procesos para crear los primeros diagramas de flujo y se comenzaron a identificar áreas para la posible automatización. Se crearon líneas claras de responsabilidades a la hora de ejecutar ciertas tareas.

Políticas: Se descubrió la necesidad de tener políticas claras en asuntos de seguridad de la información, resguardo de la identidad de las personas, protección de la propiedad intelectual y respaldo de la data. Se esbozaron los primeros documentos con una base legal informada. Se revisaron los contratos de compra de software para buscar formas óptimas y rentables a largo plazo.

Aparatos: Se hizo una revisión a fondo para determinar si los aparatos con los cuales se contaba eran los más apropiados. Se adquirieron nuevas herramientas de productividad y de creatividad y se entrenó al personal para que hiciesen mejor uso de dichas herramientas.

Cibermadurez 4

Este es el nivel que corresponde a *Implementar* con un énfasis en el trabajo rutinario. ¿Qué actividades caracterizaron a Omega en cada una de las áreas de la tecnología durante esta etapa de cibermadurez?

Personas: El enfoque en los logros que caracteriza a esta etapa hizo que Omega buscara personal calificado para las tareas y contratara asesores para complementar la mano de obra. Entrenaron al personal en las habilidades técnicas que faltaban. Durante este tiempo contrataron al director de tecnologías ministeriales y se le insertó en el organigrama del ministerio.

Sistemas: Se tomaron decisiones en cuanto a qué hacer y qué no hacer. Se implementaron los sistemas principales de la presencia digital, de producción de contenido y todos los auxiliares, como por ejemplo, el sistema de nómina, finanzas y donaciones, manejo del personal y de la membresía. Se estableció una práctica de gerencia de proyectos.

Procesos: Se ajustaron los procesos de la organización para asimilar los nuevos sistemas. Cada producto final se comenzó a visualizar como el resultado de un proceso y se adoptaron patrones de consistencia, aunque estos no estuvieran bien documentados aún. Se definió con claridad quién está a cargo de qué paso en cada proceso.

Políticas: Descubrieron las implicaciones legales de todo lo pertinente. Por ejemplo, en asuntos de identidad corporativa o del pago de impuestos al fisco nacional. Se consiguió asesoría legal. Pusieron atención especial en las licencias de software y las garantías de los aparatos.

Aparatos: Luces, cámara, acción. Se compraron los primeros aparatos profesionales incluyendo computadoras y redes, hospedaje y servicios en la nube y software auxiliar para facilitar la ejecución de tareas.

Cibermadurez 3

Este es el nivel que corresponde a *Intentar* enfocado en explorar y probar. El tiempo de los primeros aventureros. Aquellos que sintieron la necesidad de probar las formas y los medios nuevos de comunicación. ¿Qué actividades caracterizaron a Omega en cada una de las áreas de la tecnología durante esta etapa?

Personas: Algunos jóvenes comenzaron a crear fragmentos pequeños de video y el pastor comenzó a escribir un devocional para enviar por correo electrónico a sus contactos cercanos "A ver si pega." Otro aventurero comenzó a grabar los mensajes del pastor, sin una perspectiva clara de hacia dónde se dirigía con eso, pero por lo menos para tener un registro.

Sistemas: No eran ni los más avanzado ni sofisticados. De hecho, usaban sólo cosas gratuitas o baratas porque no valía la pena pagar por algo que no estaban seguros daría resultados o que quisieran hacer a mediano o largo plazo. El sonido de las grabaciones no era excelente, pero por lo menos las tenían.

Procesos: En verdad no le daban mucho pensamiento a los procesos. Hacían lo que podían con lo que tenían y con quien estuviese disponible en el momento. No había un plan detallado pero sí planes de hacer algo diferente. El proceso de prueba y error era algo orgánico e intuitivo. No tenían estándares de calidad.

Políticas: Había un conjunto de reglas básicas puestas por el pastor o director, pero aun así había mucha flexibilidad a la hora de seguir las reglas. No pensaban en las implicaciones legales de sus intentos. No ponían atención a las letras pequeñas de las licencias.

Aparatos: Parecían más bien los aparatos usados para un pasatiempo. No fue necesario comprar aparatos sofisticados ni profesionales. Si hacía el trabajo aunque la calidad fuese pobre eran bienvenidos. Algunos aparatos se recibieron como donaciones de segunda, pero le ayudaron a experimentar.

> *La ingeniería inversa es apropiada para reducir la complejidad de un objeto o sistema, descubrir sus defectos y facilitar la reutilización.*

Cibermadurez 2

Este es el nivel que corresponde a *Indagar*. Es el tiempo de la curiosidad y la muerte del gato. ¿Cómo se vio cada una de las áreas de la tecnología de Omega durante esta etapa? No mucho; no con claridad; más bien como un destello de algo naciente.

Personas: Algunos estaban interesados en explorar una presencia digital. Vieron algo en la televisión o comenzaron a seguir a otro ministerio un poco más avanzado. No es importante la fuente en realidad. Lo importante es que ese pequeño interés se convirtió en intriga y los condujo a investigar, a buscar recursos y a comparar opiniones. Nadie estaba encargado de manera formal pero algunos mostraron cierto interés. A alguien se le ocurrió que podíamos hacer algo parecido.

Sistemas: Era común la frase: "No teníamos nada." Pero esa era la realidad. Mucho se hizo de boca en boca. El único sistema existente era la investigación y ni siquiera se hacía de manera formal. No había una madurez de la investigación.

Procesos: Nada formal ni centralizado. Cada cual indagaba por cuenta propia y de vez en cuando, de forma casual, compartía información de sus hallazgos con otros. Recopilaron el interés común. Nadie se aventuró a probar durante este tiempo.

Políticas: ¿Qué es eso y con qué se come?

Aparatos: Sólo miraron en televisión, una revista o periódico, algo de manera imprevista y usaron aparatos de uso personal para leer en

Internet al respecto. Los más interesados compraron un libro o lo tomaron prestado de alguna biblioteca.

Cibermadurez 1

Este es el nivel que corresponde a *Iniciar*, ya sea pura ignorancia, incompetencia o inocencia. ¿Cómo se vio cada una de las áreas de la tecnología de Omega durante esta etapa?

Personas: No sabían quiénes estaban interesados. Decidieron que no había una persona encargada.

Sistemas: No había ningún sistema relacionado a la presencia digital aunque no se sabe si fue por ignorancia o por no querer "entrar en eso de la tecnología."

Procesos: Ninguno.

Políticas: No había necesidad de tener reglas para algo que no existía.

Aparatos: Lo más cerca a la presencia digital era asistir con los dedos a las reuniones. Ni modo dejarlos en casa.

Espero que este repaso de cada una de las áreas de la tecnología en su paso por cada una de las etapas de la madurez sea de utilidad para ilustrar el proceso.

Todo comienza con una pequeña idea que madura con el tiempo. Al principio, puede ser importante tratar de imitar un ministerio u organización más madura. Esto está bien. Con el paso del tiempo, esa imitación inicial tiene que ir dando paso a una identificación única donde se van descubriendo las características propias y distintivas de la organización y se van expresando de manera también única.

Este es el proceso de retroingeniería, que, aunque no se haya definido en tu organización como una formalidad, se encuentra en la esencia de todo nuevo proyecto.

Quiero cerrar con unas palabras acerca de la importancia de ajustar el mapa de madurez a tu condición particular. Este es el tema del siguiente y último capítulo.

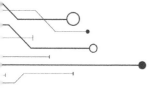

MAPA PERSONALIZADO

Mientras el heredero es menor de edad, en nada
se diferencia de un esclavo, a pesar de ser dueño
de todo. Al contrario, está bajo el cuidado de
tutores y administradores hasta la fecha fijada
por su padre.

– APÓSTOL PABLO.

H ay dos clases de personas en el mundo: los orientados y los desorientados. La orientación espacial o la facultad de orientarse en el espacio físico y geográfico, al tiempo que puedes reconocer formas, colores, perspectiva y moverte en tres dimensiones, está catalogada como una de las siete inteligencias: La inteligencia espacial. Pues bien, mi esposa y yo pertenecemos a cada grupo por separado.

¿Cuántos le dan gloria a Dios por el GPS? Antes de que entrara a nuestras vidas esta tecnología tan útil, mi esposa se perdía con facilidad. Yo le hacía un mapa detallado de la ruta y le escribía con lujo de detalles cada giro a la derecha y cada giro a la izquierda. En mis detalles incluía marcas que para mí eran inconfundibles, como un edificio particular o una valla publicitaria.

A pesar de mis esfuerzos para prepararla, de todas maneras se extraviaba. Entonces me llamaba para pedirme direcciones, en una conversación que iba más o menos así:

"Estoy perdida. ¿Me puedes ayudar?"

"¿En dónde estás?"

"No sé. Ya va. Déjame leer… —tiempo manejando— Calle Bolívar."

"En qué dirección."

"Yo que voy a saber, si estoy perdida."

"Bueno, entonces dime con qué calle cruzas."

"Con la —más tiempo manejando— Avenida 5ta. Pero no te enojes…"

"No me enojo, sino que me tomo el trabajo para escrib—"

"Ahora en la 6ta. Hice una derecha…"

"¡No! Devuélvete a la Bolívar y haz una izquierda."

"No puedo hablar, ¡chao!"

Me quedaba en el aire sin saber para donde iría hasta que me llamaba otra vez, "Estoy perdida," y el ciclo se repetía. Para ser honesto, era frustrante. Casi nunca podía darle instrucciones en el teléfono. Yo soy muy visual y ella es muy verbal. Con el tiempo decidió no llamarme más para que le diera direcciones, sino que comenzó a llamar a un amigo en común, quien con toda certeza era más paciente que yo.

No es una cuestión de género. Conozco a una pareja donde él siempre anda perdido y ella es quien le da instrucciones para llegar a los lugares.

Estoy perdida

Tampoco es algo que le pasa exclusivamente a las personas. Una organización o institución cristiana se puede encontrar "perdida" en sus propias circunstancias en cuanto a las tecnologías ministeriales. Es posible que tengas un manual de uso, unas instrucciones detalladas del cómo aplicar una tecnología particular y hasta hayas aprendido a darle vuelta a la derecha o a la izquierda a las perillas de tus aparatos, y sin embargo no encuentres ni tu lugar ni tu destino.

El mapa de madurez en este sentido puede ser tan sobrecogedor como la Guía Tomás. La Guía Tomás es un libro gordo en espiral con un mapa detallado de toda la ciudad. Yo acostumbraba llevarlo en el carro a dondequiera que iba. Toda la información geográfica que necesitaba estaba allí con lujo de detalles, pero si en el preciso momento cuando lo consultaba yo no sabía dónde estaba, o sea, mi lugar en el mapa, estaba con certeza perdido.

> *Es posible que tengas un manual de uso, unas instrucciones detalladas del cómo aplicar una tecnología particular y hasta hayas aprendido a darle vuelta a la derecha y a la izquierda a las perillas de tus aparatos, y sin embargo no encuentres ni tu lugar ni tu destino.*

Los siguientes cinco factores te pueden ayudar a determinar si tu organización está perdida en asuntos de tecnología:

1. *Estás más enfocado en la técnica que en los resultados.* Es como manejar un carro por la pura adrenalina de manejar y

quemar gasolina. No hay nada de malo en que te conviertas en maestro de la técnica, pero la tecnología suele ser tan atractiva que te puede atrapar y hacer perder de vista el para qué la quisiste usar en primera instancia. Esto sucede cuando la tecnología se convierte en el objetivo y desplaza al ministerio.

2. *Estás dando vueltas sin progreso.* Haz visto la misma señal varias veces y al fin te das cuenta de que el sitio te parece conocido. Aunque la madurez es un proceso cíclico, no es un círculo cerrado sino una espiral; cada vuelta te debería mover a un nuevo nivel de progreso. La única manera de saber si estás progresando es mediante la evaluación constante.

3. *No sabes en qué etapa te encuentras.* Necesitas un mínimo de dos coordenadas para establecer tu ubicación. Este es el problema más común que encuentro en las organizaciones cristianas y el que me ha impulsado a escribir este libro. Necesitas correr la evaluación del **Capítulo 8** por lo menos dos veces para establecer tus coordenadas. Si no sabes dónde estás, es muy difícil, si no imposible, darte instrucciones que te lleven a tu destino.

4. *No sabes a qué nivel de madurez quieres llegar.* Entonces no se trata de la ruta sino del destino. Está bien si tu institución no quiere convertirse en innovadora en cierta tecnología, lo que no está bien es que llegues a esta conclusión por casualidad o al deriva. Tu destino de madurez debe ser planeado y controlado, puesto en las manos de Dios y no del azar.

5. *Quieres transitar por muchos caminos al mismo tiempo.* Esto se puede apreciar cuando tienes muchos programas pero

no profundizas en ninguno. Hay muchos caminos posibles que te pueden conducir a tu destino pero no los puedes tomar todos a la misma vez. Tienes que decidirte: cuál ruta vas a tomar y qué variedad de cosas vas a intentar.

Llamar a un amigo

Hay tres asuntos críticos cuando consultas un mapa (y nos devuelven a la definición de cibermadurez). Primero, ubicarte a ti mismo en él; segundo, saber en qué dirección vas; y tercero, evaluar el recorrido con regularidad. Necesitas saber estas tres cosas antes de poder corregir tu curso.

Si tu organización sufre de algún bloqueo espacial, es probable que no hayas podido ubicarla en el mapa ni sepas cómo ayudarla a retomar su rumbo. Necesitas llamar a un buen amigo, uno que conozca bien tu ministerio, que sea más paciente y que esté disponible cuando te sientas perdido.

Cada ministerio cristiano que desea ser efectivo para ejercer sus funciones ministeriales, en el contexto geográfico e histórico donde se encuentra, además de responder a la ubicación, dirección y medición, debe también hacerse la pregunta: "¿Tengo los recursos necesarios para llegar de aquí hasta allá?"

Raras veces la respuesta a esta pregunta es "Sí." Frecuentemente la respuesta es "No." Pero la mayoría de las veces, la respuesta se encuentra en algún lugar intermedio: "Tengo algunos recursos, pero los necesito complementar."

Es en este escenario en el cual tu ministerio necesita considerar la posibilidad de llamar a un amigo o contratar a un asesor. Un asesor es una persona que trae una opinión experta y que tiene la experiencia de trabajar con muchas organizaciones en variedad de circunstancias. Un asesor tiene la ventaja de mirar la situación desde afuera para ofrecerte una comprensión más panorámica y desarrollar con detalle un plan de ruta para ti.

No sé la razón aún, pero con frecuencia encuentro que los ministerios cristianos, en especial los ministerios hispanos, se resisten a la idea de pedir ayuda y ser guiados de la mano de expertos. Luchan con la idea de invitar a alguien con experiencia que les ayude y se les hace difícil pensar en justificar el gasto que esto representa, sin darse cuenta que no es un gasto sino una inversión a mediano y largo plazo.

> *Un asesor tiene la ventaja de mirar la situación desde afuera para ofrecerte una comprensión más panorámica.*

Contratar asesores es común en los negocios. Puedo dar fe de ello por mi experiencia de dos décadas en informática. He tenido el privilegio de funcionar como asesor para muchas instituciones de educación superior y profesional y he tenido el placer de instruir a cientos de personas en el uso de diversas tecnologías. Al mismo tiempo, me he visto en la posición de complementar la experiencia y el trabajo de los equipos de tecnología que he tenido a mi cargo con consultores y asesores.

La Biblia está llena de ejemplos en los cuáles los líderes han tenido que asesorarse con personas de más experiencia o de más conocimiento. El primer manual bíblico de asesoría lo encontramos en Éxodo 18:13-27.

Manual bíblico de asesoría

Jetro, el suegro de Moisés, había venido de visita para traerles a su esposa y a sus hijos, luego de que Moisés liberara al pueblo de Israel del dominio faraónico. La historia narra cómo Jetro se puso a observar todo lo que Moisés hacía durante el día, notando que pasaba toda la jornada, desde la mañana hasta la tarde, juzgando los asuntos del pueblo.

Jetro se acercó a Moisés con algunas interrogantes y luego de escucharle con detenimiento le dijo: "No está bien lo que estás haciendo" (Éxodo 18:17). No está bien que un ministerio u organización cristiana traten de abarcar todo el trabajo tecnológico por sí mismos, sin abrirse a la posibilidad de escuchar un buen consejo o de tener a las personas más idóneas para hacer el trabajo.

Proverbios 11:14 establece una relación inexorable entre la dirección del ministerio y la necesidad de consejeros: "Sin dirección, la nación fracasa; el éxito depende de los muchos consejeros."[30]

Proverbios 15:22 afirma en la misma línea la relación directamente proporcional entre los planes y la buena asesoría: "Cuando falta el consejo, fracasan los planes; cuando abunda el consejo, prosperan."

Y Proverbios 24:6 ratifica que una buena estrategia, aquella que lleva a cualquier organización a una victoria aplastante, es la que se produce y dirige en la multitud de consejeros, diciendo: "La guerra se hace con buena estrategia; la victoria se alcanza con muchos consejeros."

¿Por qué? ¿Qué es lo que hace que muchos asesores refinen tu dirección, ejecuten tus planes y te ayuden a obtener tus victorias? ¿Cuáles son esas facultades que facilitan la madurez? La respuesta la encontramos, por lo menos de manera parcial, en la persona de Jetro, en lo que me gusta llamar, el Manual bíblico de asesoría. Estas son las características observables de Jetro que todo buen asesor ministerial debería tener.

Un buen asesor conoce tus éxitos

Jetro visitó a Moisés al haber escuchado todo lo que Dios había hecho por medio de él (Éxodo 18:1). El buen asesor ha hecho una investigación previa que le permite conocer cuáles son tus fortalezas y cuáles son aquellas cosas que te han conducido al lugar de éxito donde te encuentras. A veces pensamos que necesitamos consejería cuando ya las cosas están mal o se nos salen de la mano, como cuando una pareja está al borde del divorcio o una empresa al borde de la bancarrota. El mejor tiempo para contratar a un buen asesor es ahora que disfrutas del éxito.

Un buen asesor se alegra de tus logros

Jetro se alegró de saber los logros de su yerno y de su pueblo en su enfrentamiento con los egipcios (Éxodo 18:9). El buen asesor te recuerda tus éxitos pasados para edificar tu confianza y colocarte en un marco mental y anímico correcto para alcanzar tus metas futuras. Al hacer esto, refinará tus fortalezas y les tratará de sacar el mejor provecho posible.

Un buen asesor es un sacerdote

No me refiero en el sentido formal de algunas tradiciones cristianas. Me refiero a un sacerdote al estilo de 1 Pedro 2:9. Jetro ya era sacerdote y pudo reconocer a Dios YHWH obrando en medio del pueblo por la mano de Moisés (Éxodo 18:10-12). El buen sacerdote alaba a Dios y afirma que Dios está contigo. El asesor/sacerdote entiende tu llamado mayor, tu servicio y el impacto que este trae en tu comunidad. Sabe que Dios te está guiando en el proceso y está dispuesto a ir de la mano contigo. No tengo nada en contra de asesores no cristianos pero en algún punto podrán perder de vista tus propósitos principales y tu razón de ser. El sacerdote sabe el lugar correcto de la tecnología en el ministerio.

Un buen asesor es un buen observador

Esta es la ventaja de tener a una persona que ve las cosas desde afuera. Alguien que no está inmerso en los detalles ni participa en los procedimientos cotidianos tendrá siempre la facultad de ver cosas que quien sí lidia con la labor diaria no podrá ver. Jetro vio (Éxodo 18:14) ¡Qué poderoso! Lo que no pudo ver ni Moisés, ni Aarón, ni María, ni los otros dos millones de israelitas, el recién llegado Jetro sí. El buen asesor toma el tiempo para observar, y observando ve, o sea, mirando lo que está delante de sus ojos puede desarrollar para ti una visión de futuro.

Un buen asesor hace las preguntas correctas

Hay preguntas difíciles y confrontadoras que muchos no se atreven a hacer. Es posible que algunas personas cercanas ya se hubiesen dado cuenta del problema y hubiesen pensado en preguntar, pero nunca sabremos si en verdad vieron porque nunca preguntaron. El asesor no tiene nada que perder. Puede preguntar lo que otros no aunque lo manden a su casa. Jetro exclamó con asombro y recriminación. Se puede notar su preocupación por Moisés y por el pueblo: "¡Pero qué es lo que haces con esta gente!" (Éxodo 18:14).

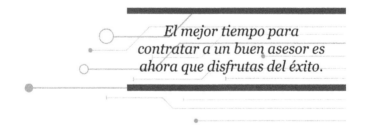

El mejor tiempo para contratar a un buen asesor es ahora que disfrutas del éxito.

Un buen asesor sabe escuchar

¿Alguna vez has estado conversando con alguien que te hace una pregunta y cuando respondes se entretiene en otra cosa? En estos casos se pregunta uno a sí mismo, "¿y para qué preguntó si no quiere saber?" Jetro escuchó de forma activa la respuesta de Moisés (Éxodo 18:15-16). ¿Quieres evaluar a un consultor para saber si es bueno?

Observa la manera en que escucha. El buen asesor quiere saber... sin apuros. Sus preguntas no son retóricas.

Un buen asesor no teme señalar el problema

Tuve una jefa con un liderazgo firme. La primera reunión que tuve con ella luego de ser contratado como empleado me enseñó una gran lección que atesoro hasta el día de hoy. Me dijo: "Las malas noticias no mejoran con el tiempo." Es tan cierto esto. Una enfermedad no mejora si pospones atenderla. Las divisiones en la iglesia no se disuelven si dejas pasar el tiempo. Todo problema necesita una intervención. El buen asesor siempre pondrá el dedo en la llaga, como lo hizo el suegro de Moisés (Éxodo 18:17). Erradica el temor a la crítica y a la posibilidad de las heridas de tu ego personal. Reconoce tus problemas y te mueve hacia la madurez.

Un buen asesor entiende la magnitud del trabajo

La tendencia normal de todo proyecto nuevo es a minimizar el esfuerzo que requiere. En la gerencia técnica de proyectos, he practicado por años algo que nunca me ha dejado mal parado. Escucho a los trabajadores estimar el tiempo que le tomaría terminar y lo doblo para calcular mis propios estimados; si me dicen un día yo calculo dos, si me dicen dos semanas yo estimo un mes. Siempre funciona. La labor es más grande de lo que pensamos inicialmente. El buen asesor sabe esto. No te sorprendas porque puede que hasta use la misma técnica (Éxodo 18:18).

Un buen asesor propone soluciones acertadas

Esto fue lo que sucedió con Jetro. Dividió la gigante labor de Moisés en fragmentos más pequeños. Sugirió un modelo de transferencia de conocimiento (Éxodo 18:20) y selección de personal (Éxodo 18:21). Clasificó el trabajo entre casos sencillos y más difíciles y fortaleció el liderazgo (Éxodo 18:22). El buen asesor tiene la facultad de relacionar su experiencia con el contexto particular tuyo y sabe delegar el trabajo para resolver los problemas.

Un buen asesor reconoce cuando su labor termina

Todo asesor vive de su práctica de consultoría. Lo mejor para su propio negocio es prolongar su contrato para ganar más. Pero el buen asesor no es ventajoso ni aprovechado. No malbarata tus recursos y sabe cuándo parar; no necesita que lo manden a su casa sino que se va por cuenta propia. Jetro regresó a su país (Éxodo 18:27) ¡Qué suegro tan consciente! Si así fueran todas... las asesoras.

Aubrey Malphurs, en su libro *Una nueva clase de iglesia: Entendiendo los modelos del ministerio* (de su título en inglés, *A New Kind of Church: Understanding Models of Ministry in the 21st Century*), da siete razones por las cuales tu ministerio sí puede costear la contratación de asesores ministeriales:[31]

1. Pregúntate si puedes costear el no contratar a un asesor. A veces los costos de no hacerlo superan lo que se le puede pagar a alguien más.
2. Un asesor tendrá una influencia en tus ingresos futuros. Hay una relación directa entre madurez ministerial y mejoras financieras.
3. Es posible que alguien esté dispuesto a donar el dinero para contratar a un asesor si el beneficio es tangible.
4. Recuerda que obtienes el nivel de servicio que estás dispuesto a pagar. Lo barato sale caro. No puedes poner tu ministerio en las manos de un asesor mediocre.
5. Si tu ministerio es pequeño, puedes unir esfuerzos con otros ministerios pequeños para compartir los gastos.
6. Evalúa la necesidad de crecer y complementar tus recursos por encima de los costos de contratar a alguien.
7. Un buen asesor ministerial siempre será más eficiente y ayudará a tu ministerio a obtener mejores resultados.

Pasado está el tiempo en el cual se esperaba que el pastor o líder conociera todo acerca de todo y lo hiciera todo. Nuestro tiempo demanda la sabiduría de la multitud de consejeros.

Espero que el breve análisis presentado aquí te ayude a tener un criterio claro durante tus contrataciones y que cuando complementes tu equipo de trabajo llamando a un amigo puedas alcanzar el nivel de madurez que tus iniciativas en tecnología requieren.

Antes de escoger a un asesor, necesitas someterlo a una serie de entrevistas, primero contigo, y luego con las personas que estarán trabajando con él de forma cercana. Recuerda que las habilidades técnicas se pueden aprender pero un corazón correcto ha tenido que pasar por un proceso de madurez que puede tomar años.

El **Apéndice E** provee una tabla de evaluación de asesores que puedes utilizar durante tu proceso de contrataciones.

Mapa Personalizado de Madurez™

Cuando piensas en el mapa de madurez presentado en este libro y cómo podrías implementar una iniciativa de madurez tecnológica, algunas preguntas vienen a la mente que necesitan respuesta:

¿Cuánto debemos madurar? ¿A qué nivel necesitamos crecer si tomamos en cuenta nuestras metas? ¿Qué tipo de crecimiento queremos ver? ¿Cómo se balancea el crecimiento numérico con la madurez de las tecnologías ministeriales? ¿Cómo llegamos a ese nivel de madurez deseado? Y por supuesto, como discutimos en la sección anterior, ¿Tenemos los recursos necesarios para la navegación que necesitamos emprender?

La respuesta dependerá de los detalles particulares de tu vida, de la de tus líderes y de la vida de tu ministerio. Aunque es fundamental tener un modelo de madurez, ese modelo debe arraigarse en formas concretas para poder representar bien las realidades de tu ministerio.

Esto es lo que he denominado el *Mapa Personalizado de Madurez*™. Es la combinación del modelo de madurez que acabo de presentar, y la forma concreta en que ese modelo tomará forma en tu vida personal y la de tus líderes, en la vida del ministerio donde te desempeñas, y en la vida del uso que el ministerio hace de la tecnología.

El *Mapa Personalizado de Madurez*™ es un proceso de asesoría técnica que comienza con una evaluación del estado actual del uso y desarrollo de las tecnologías ministeriales en tu organización o iglesia y culmina con un documento detallado de tus oportunidades para madurar.

El mapa de madurez que he presentado en este libro es un mapa general y hasta, si se quiere, universal. El mapa se puede aplicar también al crecimiento personal en áreas como el carácter, la espiritualidad o las relaciones interpersonales. También se puede aplicar al uso que cada persona le da a la tecnología en términos de productividad y organización. Yo le he dado un enfoque corporativo, aplicándolo a toda organización cristiana.

> *Las habilidades técnicas se pueden aprender pero un corazón correcto ha tenido que pasar por un proceso de madurez que puede tomar años.*

Es posible usar el *Mapa Personalizado de Madurez*™ para madurar tecnologías específicas, tal y como lo hice con el ejemplo de la presencia digital de Omega en el capítulo anterior, y a otras tecnologías, como por ejemplo, las tecnologías administrativas, de producción o de medios de comunicación.

También es posible, y recomendable, pasar por un proceso de planificación estratégica de tecnología, aplicando el *Mapa Personalizado de Madurez*™ a las tecnologías ministeriales como un todo, es decir, tomando en cuenta toda la tecnología que está en el uso actual o en los deseos futuros de tu ministerio. Con tal fin, sugiero combinar el *Mapa Personalizado de Madurez*™ con el modelo integrado de las tecnologías ministeriales que he denominado *Matriz de Tecnologías Ministeriales*®. Más información sobre la matriz como concepto estratégico y organizativo la podrás encontrar en mi sitio web.

Así llegamos al final de este capítulo y de nuestra discusión. Te invito a que utilices los recursos adicionales en los apéndices que siguen y que compartas conmigo tus opiniones y desempeño.

El camino hacia la madurez puede ser escarpado o tormentoso. Debes emprenderlo de seguro con toda humildad y mansedumbre, y ojalá que con toda la intencionalidad que requiere. Te garantizo que vale la pena. Entonces, ¡a madurar!

Apéndices

APÉNDICE A: ESCALA DE ACTITUDES

Escala: Actitudes hacia la madurez tecnológica

Edad: _____ Sexo: M F

Esta escala evalúa las actitudes hacia la madurez tecnológica en el ministerio. No hay respuesta equivocada o correcta. Lo que importa es saber tu punto de vista. Lee con cuidado cada oración e indica cuán de acuerdo estás con cada una de ellas. Marca con una 'x' o círculo 'o' el valor que consideras más acertado para cada una de las actitudes entre -5 para las actitudes de inmadurez hasta 5 para las alternativas de crecimiento. Apreciamos tu paciencia y exactitud.

Nombre del participante:										
Temor										**Amor**
-5	-4	-3	-2	-1	0	1	2	3	4	5
Resistencia										**Mansedumbre**
-5	-4	-3	-2	-1	0	1	2	3	4	5
Conformidad										**Emprendimiento**
-5	-4	-3	-2	-1	0	1	2	3	4	5
Ceguera										**Visión**
-5	-4	-3	-2	-1	0	1	2	3	4	5
Familiaridad										**Innovación**
-5	-4	-3	-2	-1	0	1	2	3	4	5
Esterilidad										**Fructificación**
-5	-4	-3	-2	-1	0	1	2	3	4	5
Gran total										

Apéndice A: Escala de actitudes

Totales para la escala

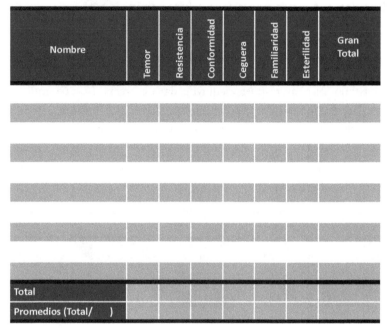

Nombre	Temor	Resistencia	Conformidad	Ceguera	Familiaridad	Esterilidad	Gran Total
Total							
Promedios (Total/)							

Apéndice A: Totales por equipo de la escala de actitudes

Si deseas obtener una copia electrónica de la Escala de actitudes y todas las demás herramientas de evaluación para imprimirlas, visita www.ciberministerio.com.

APÉNDICE B: CUESTIONARIO

Cuestionario: Carriles de principios

Nombre _____ Edad: _ Sexo: M F

Este cuestionario evalúa la forma en la cual los cinco principios de madurez tecnológica rigen los programas de tecnología en el ministerio. No hay respuesta equivocada o correcta. Lo que importa es saber tu punto de vista. Lee con cuidado cada afirmación e indica cuán de acuerdo estás con cada una de ellas. Marca con una 'x' Nada - si no estás de acuerdo; Poco - si estás un poco de acuerdo; Algo – si estás algo de acuerdo pero tienes dudas; o Mucho – si estás muy de acuerdo. Apreciamos tu paciencia y exactitud.

#	Afirmación	Nada	Poco	Algo	Mucho
1	Hemos podido discernir nuestro llamado al ministerio y damos pasos para ejercerlo	☐	☐	☐	☐
2	Si pienso en la capacidad que la tecnología tiene para prolongar la vida, puedo citar algunos ejemplos en mi mente	☐	☐	☐	☐
3	La visión de la iglesia está escrita en detalle y los líderes entienden hacia dónde nos dirigimos como organización	☐	☐	☐	☐
4	Con seguridad aspiro a que el ministerio de la iglesia progrese al próximo paso de madurez tecnológica	☐	☐	☐	☐
5	La iglesia trata de explorar diferentes alternativas para resolver los problemas tecnológicos que se le presentan a diario	☐	☐	☐	☐
6	La tecnología nos ayuda a vivir en devoción a Dios, sabiendo que nuestro objetivo primordial es el de adorarle	☐	☐	☐	☐
7	Todo lo que hacemos y tenemos que hacer debe ser guiado por la excelencia; la excelencia glorifica a Dios y añade más honra a Su nombre	☐	☐	☐	☐
8	Hay una relación directa entre la tecnología que uso y el crecimiento que veo en el ministerio; mejor tecnología mayor crecimiento	☐	☐	☐	☐
9	Cada vez que hay un cambio, se me hace fácil ajustar mi comportamiento y mi rutina para adaptarme	☐	☐	☐	☐
10	Tenemos un mapa definido que cualquiera puede seguir para ser discípulos de Jesucristo y lo seguimos activamente	☐	☐	☐	☐

Carriles de principios de madurez (continuación...)

#	Afirmación	Nada	Poco	Algo	Mucho
11	El uso de la tecnología es crítico para revolucionar el ejercicio del ministerio de la iglesia	☐	☐	☐	☐
12	Valoro la capacidad que tiene la iglesia de producir vida en las personas al comunicar el evangelio de Jesucristo	☐	☐	☐	☐
13	Se le hace fácil a la iglesia reemplazar la versión vieja de un programa cuando sale la nueva	☐	☐	☐	☐
14	Nuestro equipo de trabajo alinea con entusiasmo nuestros valores con nuestra visión, misión y estrategias, entendiendo el rol de la tecnología	☐	☐	☐	☐
15	La tecnología aplicada al ministerio trae mejoría a todas las funciones de la iglesia en su misión	☐	☐	☐	☐
16	Tenemos una declaración de misión clara y memorable, que los miembros pueden citar con facilidad	☐	☐	☐	☐
17	Entendemos de qué se trata el fruto del Espíritu y vivimos conscientes de crecer en lo espiritual para demostrar ese fruto como iglesia	☐	☐	☐	☐
18	La mejor forma de alterar el mundo material en el cual la iglesia se desenvuelve es modificando el uso de ciertas tecnologías	☐	☐	☐	☐
19	Encontramos que nuestra vocación tiene prioridad sobre las actividades y las muchas ocupaciones. La tecnología nos ayuda a mantener nuestras prioridades	☐	☐	☐	☐
20	Crecer en calidad es muy importante para demostrar que el Espíritu Santo está actuando. La tecnología ayuda a que podamos hacer un trabajo de mayor calidad	☐	☐	☐	☐
21	Siento que mi equipo de trabajo tiene actitudes balanceadas respecto al uso de la tecnología en el ministerio	☐	☐	☐	☐
22	Apoyo con facilidad los ajustes que todo cambio trae al ambiente ministerial y la forma de hacer ministerio	☐	☐	☐	☐
23	Los cambios son muy emocionantes. Me gusta cuando el ministerio se evalúa y se introducen cambios	☐	☐	☐	☐
24	Crecer en cantidad es muy importante para demostrar que el Espíritu Santo está actuando. La tecnología ayuda a que más personas estén involucradas	☐	☐	☐	☐
25	Hay objetivos claros para crear un impacto en la comunidad sabiendo que la iglesia es la esperanza de nuestra sociedad	☐	☐	☐	☐

Si deseas obtener una copia electrónica del cuestionario de Carriles de principios y todas las demás herramientas de evaluación para imprimirlas, visita www.ciberministerio.com.

Carriles de principios de madurez (continuación...)

#	Afirmación	Nada	Poco	Algo	Mucho
26	La tecnología nos provee con capacidades para hacer prosperar y crecer todo aquello donde estamos involucrados	☐	☐	☐	☐
27	Somos personas disciplinadas y tratamos de mantener un balance en todas las áreas de la vida y del ministerio con la ayuda de la tecnología	☐	☐	☐	☐
28	Es mi deber participar junto con la iglesia en la transformación del mundo alrededor, comenzando con la comunidad inmediata	☐	☐	☐	☐
29	Hemos incluido el rol de la tecnología en nuestras discusiones estratégicas durante nuestras juntas ministeriales	☐	☐	☐	☐
30	Aunque estoy consciente de los peligros de la tecnología, prefiero pensar que la tecnología sirve fundamentalmente para proteger la vida	☐	☐	☐	☐
31	Promovemos propósitos de vida mayores al simple hecho de sobrevivir y la tecnología nos ayuda a comunicar nuestra espiritualidad	☐	☐	☐	☐
32	Me considero a mí mismo como un agente vital, con la capacidad de dar, promover, proteger, prolongar y mejorar la vida de otras personas	☐	☐	☐	☐
33	Siempre procura oportunidades para aprender nuevas tecnologías que le faciliten el trabajo ministerial	☐	☐	☐	☐
34	La iglesia vive más para ser que para hacer, es decir, para forjar el carácter de Jesucristo en la vida de los creyentes y ponerle a Él como modelo	☐	☐	☐	☐
35	El servicio a los demás es de suma importancia en la iglesia y es una extensión de la misericordia de Dios hacia los demás	☐	☐	☐	☐
36	Puedo utilizar ciertas tecnologías en el ministerio para promover mejorías en la vida de los demás	☐	☐	☐	☐

Apéndice B: Cuestionario: Carriles de principios

Clave de las preguntas del cuestionario

Utiliza la clave de las preguntas a continuación para evaluar las respuestas para cada uno de los cinco principios. Por ejemplo, las preguntas 4, 5, 8, 13, 21 y 33 del cuestionario anterior corresponden todas al principio de substitución. Las preguntas 3, 10, 14, 16, 25 y 29 se pueden considerar preguntas de control, pero están relacionadas con asuntos del uso estratégico de la tecnología en el ministerio.

Principio	Preguntas
Substitución	4, 5, 8, 13, 21, 33
Transformación	9, 11, 18, 22, 23, 28
Vitalización	2, 12, 15, 30,32, 36
Reproductibilidad	7, 17, 20, 24, 26, 34
Espiritualidad	1, 6, 19, 27, 31, 35
Estrategia	3, 10, 14, 16, 25, 29

Apéndice B: Clave de preguntas

Totales para el cuestionario

Nombre	Substitución	Transformación	Vitalización	Reproductibilidad	Espiritualidad	Gran Total
Total						
Promedios (Total/)						

Apéndice B: Totales por equipos de los carriles de principios

APÉNDICE C: RUEDA DE TECNOLOGÍA

Evaluación: Rueda de tecnología

Nombre: _____ Edad: _ Sexo: M F

Esta rueda de tecnología evalúa la madurez de las cinco áreas de la tecnología de acuerdo a los siete pasos de la madurez. No hay respuesta equivocada o correcta. Lo que importa es saber tu punto de vista. Marca con una 'x' o llena el círculo donde se intersecta cada área de tecnología con el nivel de madurez (1-7) que tú piensas hayas alcanzado. Apreciamos tu paciencia y exactitud.

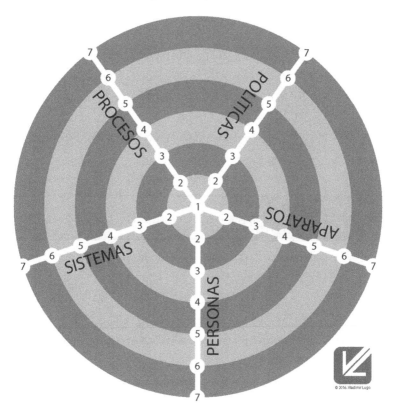

Apéndice C: Rueda de tecnología

Totales para la rueda de tecnología

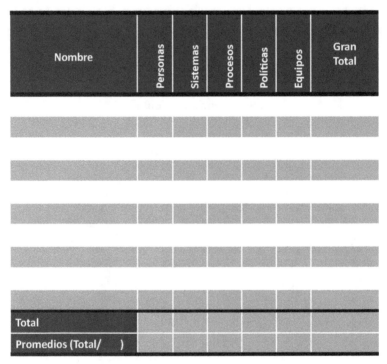

Nombre	Personas	Sistemas	Procesos	Políticas	Equipos	Gran Total
Total						
Promedios (Total/)						

Apéndice C: Totales por equipo de la rueda de tecnología

Si deseas obtener una copia electrónica de la Rueda de tecnología y todas las demás herramientas de evaluación para imprimirlas, visita www.ciberministerio.com.

APÉNDICE D: PARA LA DISCUSIÓN

Este no es un examen, son sólo unas preguntas para facilitar la discusión en grupo. He dividido las preguntas por capítulos para facilitar la navegación y el enfoque, pero no necesitas utilizarlas de esta manera. No necesitas responder todas las preguntas, pero sí es recomendable que en tus sesiones de planificación y evaluación respondas por lo menos dos o tres de cada sección.

Capítulo 1: La madurez

1. ¿En qué consiste la madurez?
2. De acuerdo a Génesis 1:28, ¿Cuál es el primer mandamiento y cómo se relaciona con la madurez?
3. ¿Qué relación existe entre ser maduro y ser espiritual?
4. ¿Es la madurez importante, necesaria o ambas cosas? ¿Por qué?
5. ¿Cómo se relaciona el concepto de madurez con las tecnologías ministeriales?
6. ¿Puedes identificar algunas áreas del uso de la tecnología en tu ministerio que necesitan ser pasadas por un proceso de madurez? ¿Cuáles y por qué?

Capítulo 2: La inmadurez

1. ¿Cuál es tu perspectiva de la inmadurez? ¿Es mala? ¿Es buena?

2. ¿Es la inmadurez algo en lo cual debemos esforzarnos para erradicar?

3. ¿Puedes identificar áreas de inmadurez tecnológica en tu ministerio?

4. ¿Qué son las alternativas de crecimiento?

5. ¿Cuáles son algunas de las actitudes de inmadurez que necesitas superar en tu ministerio?

6. ¿Por qué se puede aplicar un concepto de madurez, que está relacionado con seres vivos, a las tecnologías ministeriales?

7. Lee Mateo 11:29, ¿cuál es el rol de la humildad y la mansedumbre en el proceso de la madurez?

8. Lee 1 Corintios 13:11-12, ¿qué relación tiene este pasaje con la madurez personal y cómo se puede aplicar a la madurez tecnológica?

Capítulo 3: La tecnología

1. ¿Por qué la familiaridad que tenemos con ciertas tecnologías hace difícil que las identifiquemos como tal?

2. ¿Qué efecto tiene el dar por sentado cierta tecnología en nuestra relación con ella?

3. En tus propias palabras, ¿qué es la tecnología?

4. ¿En qué se asemeja o diferencia el concepto que tienes de la tecnología del concepto que presento en el libro?

5. ¿Qué significado tiene para tu ministerio el hecho de que la tecnología sea un ecosistema integrado?

6. ¿Qué significado tiene para tu ministerio el hecho de que la tecnología sea una red cultural? ¿Qué implicaciones tiene esto para tu contexto cultural particular?

7. Escoge una tecnología en uso en tu ministerio e identifica cada una de las cinco áreas en detalle.

8. ¿Qué propósito concreto tiene la tecnología en tu ministerio? ¿Has enunciado tal propósito? ¿Incluye los tres elementos de estrategia, táctica e inteligencia?

9. ¿Qué piensas acerca de la afirmación: "Es imposible hacer ministerio sin tecnología"? ¿Por qué?

Capítulo 4: Modelos de madurez

1. ¿Puedes mencionar tres modelos de madurez que se pueden observar en la naturaleza?
2. ¿Por qué crees tú que es tan desconocida la madurez tecnológica en los círculos ministeriales?
3. ¿Puedes mencionar tres modelos de madurez tecnológica existentes?
4. ¿A qué o a quiénes aplica el concepto de madurez tecnológica?
5. ¿Cómo puedes aplicar el modelo de madurez de tu llamado a tu vida? Da ejemplos concretos. ¿Cómo se relaciona esto a la madurez de la tecnología?
6. ¿Cuáles son los principios que rigen la madurez tecnológica? ¿Con cuál de ellos te puedes identificar mejor? ¿Por qué?
7. ¿Puedes señalar algunos ejemplos de cómo encuentras estos principios actuando en tu ministerio actual?

Capítulo 5: Mapa de madurez

1. ¿Cuál es una de las funciones primordiales de un líder? ¿Por qué?
2. Revisando los siete pasos del mapa de madurez tecnológica, ¿Con cuál de ellos te puedes identificar más? ¿Por qué?
3. ¿En cuál de los siete pasos piensas se encuentra tu ministerio actualmente? Revisa tu respuesta junto con otros miembros de tu equipo de trabajo ministerial, ¿Son diferentes o iguales? ¿Por qué?
4. ¿Cuáles son los pasos que podrían moverte a un nivel más alto de madurez tecnológica en tu contexto ministerial? Sé lo más concreto posible.

5. ¿Cuál es la diferencia entre ignorancia, incertidumbre, incompetencia e inocencia?

6. ¿Qué comentario puedes hacer respecto de la frase: "La intención no basta"?

7. ¿Cuáles son algunas características de la etapa de la Ideación?

8. ¿Qué papel juega el desarrollo de una identidad propia en la madurez tecnológica?

9. ¿Cuál es la etapa más avanzada de madurez tecnológica y por qué? ¿Qué tiene que ver esta etapa con la definición de madurez y la espiritualidad?

10. Lee Eclesiastés 1:9, ¿Tenía razón Salomón? ¿Cuáles actitudes contrarias a la madurez podemos descubrir en su comentario?

Capítulo 6: La madurez de Dios

1. El primer milagro de Jesús lo encontramos narrado en Juan 2:1-11, ¿Qué paralelo existe entre la madurez del vino y la madurez tecnológica?

2. ¿Se puede hacer teología pensando en la madurez de Dios? ¿Por qué? ¿Por qué no?

3. ¿En qué consiste la perfección bíblica? Explica desde este punto de vista, ¿puedes llegar a ser perfecto? ¿puede un programa de tecnología llegar a serlo?

4. Discute la frase: "Dios es el Ser más maduro del universo."

5. Lee Daniel 7:9, 13, 22 y 1 Corintios 3:1-3, ¿Qué relación existe entre lo que dice el pasaje y la descripción de Dios como Anciano de días? ¿Qué relación tiene esto con la madurez? ¿Puedes aplicar estos pasajes a la madurez de tus programas de tecnología?

6. Discute la frase: "Dios es el Ser más fructífero del universo."

7. Lee Hebreos 12:2 y responde, ¿De qué manera Jesucristo es un modelo de madurez?

8. Lee Gálatas 5:22-23 y Efesios 4:13 ¿De qué manera el Espíritu Santo es un modelo de madurez?

9. ¿Cómo se aplica el mapa de madurez a Dios? ¿En cuál de las etapas se encuentra? ¿Estuvo alguna vez en alguna de las otras etapas?

10. Lee Isaías 43:19 y Apocalipsis 21:5, ¿De qué manera el profeta Isaías difiere del rey Salomón en su apreciación de lo novedoso? De acuerdo a estos pasajes, ¿por qué Dios es el Ser más maduro del universo? ¿Qué nos dicen estos pasajes acerca de la madurez de Dios?

Capítulo 7: Cibermadurez

1. ¿Has experimentado dificultades y contrariedades al tratar de llevar adelante tus programas de tecnología en el ministerio? Enumera algunas y explica.

2. Basado en el origen de la palabra *cibernética* y el relato de Hechos 27, ¿Qué relación existe entre el liderazgo y la madurez?

3. ¿Qué tienen que ver los instrumentos de navegación y control con la madurez?

4. ¿Tienes en tu ministerio instrumentos de navegación? Enuméralos.

5. Toma una hoja en blanco y divídela en tres partes. Escribe los títulos: Ubicación, Dirección y Medición. Ahora trata de definir estos elementos en tu ministerio.

6. ¿Qué es la tecnología? ¿Cómo se relaciona el concepto de tecnología con la madurez tecnológica?

7. ¿Qué áreas de la tecnología en tu ministerio son las más deficientes? ¿Por qué?

8. ¿Qué es la cibermadurez y cómo la puedes aplicar a tu ministerio?

Capítulo 8: Evaluando la madurez

1. ¿Por qué es importante la medición en la madurez de la tecnología?

2. ¿Qué tipo de evaluación llevas en tu ministerio de manera regular? Si no tienes ninguna, ¿por qué no?

3. Nombra algunas de las razones por las cuáles evaluar tu ministerio en equipo es más efectivo.

4. De la lista de trabajo que aparece en la sección *Trabajo en equipo* del **Capítulo 8**, ¿qué vas a implementar hoy?

5. Escribe los nombres y los teléfonos de cada uno de los miembros de tu equipo de tecnología con sus cargos o responsabilidades respectivas.

6. ¿Qué puedes aprender con la escala de actitudes hacia la tecnología? ¿Quiénes son los miembros optimistas de tu equipo de trabajo? ¿Y los pesimistas?

7. ¿Qué puedes aprender con los carriles de principios de la madurez tecnológica?

8. ¿Qué puedes aprender con la rueda de tecnología acerca del estado de la tecnología en tu ministerio? ¿En qué se diferencia esto de tus primeras impresiones recogidas en la pregunta 7 de la sección anterior del **Capítulo 7**?

9. ¿Cuáles son tus impresiones generales de la evaluación de la madurez tecnológica en tu ministerio?

10. Con la evaluación en mano, regresa al mapa de madurez del **Capítulo 5**. El siguiente nivel es tu meta más inmediata. ¿Cuáles acciones puedes tomar hoy para moverte al siguiente nivel?

Capítulo 9: Aplicando la madurez

1. ¿Qué es la retroingeniería y cómo la puedes aplicar a tu ministerio?

2. ¿Qué otros ministerios que consideras más maduros que el tuyo en ciertas áreas de tecnología pueden servirte

como base para tu proceso de innovación? Haz una lista de los nombre y de sus tecnologías modelo.

3. ¿Qué elementos propios a tu identidad, a tu realidad y contexto particular, necesitas insertar en estos modelos para recrear algo nuevo y único?

4. Piensa en tu propia presencia digital, ¿Es esta un área de tecnología ministerial que necesitas hacer madurar? ¿Cómo piensas hacerlo?

5. ¿De qué manera puedes analizar la madurez de cada área de la tecnología en cada una de las etapas que, 1. Has alcanzado y, 2. Deseas alcanzar?

6. Si quieres visualizar esto, toma una hoja de papel y divide dos columnas con los encabezados: Ahora y Futuro, respectivamente. Luego escribe una tecnología en particular que estés utilizando con fines ministeriales o que planeas utilizar y desglósala en sus cinco componentes. Luego analiza el nivel de madurez, del 1-7 y qué pasos puedes seguir para crecer en madurez.

Capítulo 10: Mapa personalizado

1. ¿Cuáles son los cinco factores que te pueden ayudar a determinar si tu ministerio está perdido en asuntos de tecnología? ¿Cuál de estos aplica más a tu realidad particular?

2. ¿Por qué puede ser importante para tu ministerio contratar a un asesor?

3. Lee Éxodo 18. Jetro, el suegro de Moisés, fue un excelente asesor, ¿por qué?

4. De las nueve características observadas en el Manual bíblico de asesoría, ¿cuáles resuenan más en tu ministerio y por qué?

5. ¿Cuáles son las objeciones más comunes que tienes dentro del liderazgo para no contratar a un asesor? ¿De qué manera puedes resolver estas objeciones?

6. ¿Entiendes la necesidad de crear un mapa personalizado? ¿Por qué o por qué no?

Si deseas obtener una copia electrónica del cuestionario para la discusión y todas las demás herramientas de evaluación para imprimirlas, visita www.ciberministerio.com.

APÉNDICE E: ENTREVISTA

Utiliza las nueve preguntas contenidas en esta sección para entrevistar a todos tus asesores ministeriales en general, y a tus asesores de tecnologías ministeriales en particular, antes de contratarlos.

Para llevar esta entrevista, es recomendable que cada pregunta la coloques en una situación concreta. Escucha atentamente por pistas que te ayuden a evaluar el entrevistado con una escala del 0-3 para cada área.

#	Nombre:_____	0	1	2	3
1	¿Ha investigado lo suficiente tu ministerio como para conocer tus éxitos y fortalezas?	☐	☐	☐	☐
2	¿Tiene conciencia de tus logros y se refiere a ellos con alegría y una actitud positiva?	☐	☐	☐	☐
3	¿Muestra evidencias que indican que es un buen sacerdote, ama a Dios y a los demás?	☐	☐	☐	☐
4	¿Es acaso un buen observador, detallista, meticuloso y paciente?	☐	☐	☐	☐
5	¿Sabe hacer las preguntas acertadas? ¿Hace más preguntas que las que trata de responder?	☐	☐	☐	☐
6	¿Es un oyente activo, retroalimenta la conversación para asegurarse de que entendió?	☐	☐	☐	☐
7	¿Es franco al narrar un episodio en el cual se haya equivocado? ¿No teme señalar el error?	☐	☐	☐	☐
8	¿Procura entender la magnitud del trabajo o trata de minimizar la labor para no alarmarte?	☐	☐	☐	☐
9	¿Te ofrece una estrategia de salida y reconoce cuándo su labor está cumplida?	☐	☐	☐	☐

Apéndice E: Entrevista para consultores

Si deseas obtener una copia electrónica de la entrevista y todas las demás herramientas de evaluación para imprimirlas, visita www.ciberministerio.com.

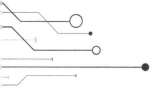

AGRADECIMIENTOS

A Dios, porque todo se lo debo a Él. Él es el Ser más maduro, quien siembra en nosotros el deseo de madurar, y quien llevará todas nuestras empresas de madurez a su máximo potencial de fructificar.

A mi esposa, Ivonne Cabral, mi crítica más férrea y a la vez desinteresada. Sus consejos siempre me ayudan a pensar en forma práctica desde la perspectiva del lector. Esta obra no fuese posible sin todo el apoyo que me brinda. A mis hijas, Johanna Lugo y Natasha Lugo, por dejarme tomar de su tiempo prestado, y por prestarme también sus oídos para aclarar mis ideas.

A mis lectores beta: mi hermano Randy Lugo, y a mis buenos amigos, Harold Caicedo, Jairo Ospina, Marcel Pontón y Salvador Ramírez, por su apoyo, fidelidad y dedicación; su generosidad me llena de esperanza. Este es un mejor libro gracias a sus aportes y a todas sus críticas.

A Saraí Lara, por su contribución para desarrollar la Rueda de tecnología como herramienta de evaluación y por sus aportes también como lectora beta.

Al artista gráfico, mi compatriota Jesús Cordero, de Anointing Productions, quien diseñó la portada del libro. La providencia divina hizo que nos conectáramos. A Carlos Callegari por la foto de la contraportada, pero sobre todo, por sus muchos consejos en el desarrollo de esta aventura.

Finalmente, a Jon Teichrow y su esposa Claudia Naciff, por todas las horas de quietud que me regalan en su cabaña para esparcir la mente y escribir sus derivados. Las semillas de este libro germinaron allí.

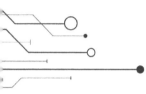

SERVICIOS DE ASESORÍA

Existen en la actualidad varios asesores cristianos reconocidos que ayudan a las iglesias y otras organizaciones en diversas áreas del ministerio. Sin embargo, la disponibilidad de asesores cristianos entrenados como teólogos y tecnólogos al mismo tiempo es poca.

La necesidad de atender las demandas tecnológicas de las organizaciones del siglo XXI, hace necesario lo que yo llamo "personas puentes," que comprendan bien el rol de la tecnología, pero que puedan desarrollar los planes tecnológicos con sensibilidad teológica.

Por eso he desarrollado un modelo de servicios de consultoría en informática conocido como la *Matriz de Tecnologías Ministeriales*® para ayudarte a ti y a tu ministerio en tres áreas fundamentales:

- **Capacitar**: Asociado con el entrenamiento del personal en las labores propiamente técnicas del uso y aplicación de diversas tecnologías. Está orientado tanto al entrenamiento del personal técnico como del personal ministerial.

- **Construir**: Asociado con establecer una presencia digital sólida mediante la implementación de sitios web, correo electrónico, redes sociales y aplicaciones móviles.

- **Consultar:** Asociado con la implementación de la *Matriz de Tecnologías Ministeriales*® en el seno de su ministerio por medio de la creación de un *Mapa Personalizado de Madurez*™ que precisamente aplica los conceptos de este libro para dirigirte al cumplimiento de tu misión en contexto.

Además, he creado un programa de certificación de madurez que se basa en una serie de entrenamientos, las herramientas de evaluación descritas en este libro y tu *Mapa Personalizado de Madurez*™. Este programa asigna una insignia o sello que representa el nivel de madurez alcanzado por tu organización o ministerio con varios grados de beneficios de membresía.

Te invito a que me contactes para explorar cada una de estas tres áreas de servicios que ofrezco o el programa de certificación. Puedo personalizar mi trabajo a corto, mediano o largo plazo, dependiendo de tus necesidades del momento.

Puedes utilizar mi página de contacto en línea para más información:

www.vladimirlugo.com/index.php/contactar/

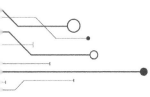

ACERCA DE LA SERIE

El tema de la tecnología es extenso. Por eso necesitamos explorar el uso de la tecnología en el ministerio de la iglesia desde varios ángulos.

Cada uno de los volúmenes de esta serie ofrece un marco teórico, nacido de la reflexión teológica y gerencial de la tecnología, al mismo tiempo que ofrece consejos prácticos probados, nacidos de la experiencia tecnológica y ministerial.

En otras palabras, cada libro te mostrará el muelle y cómo nadar para estar a salvo en estos tiempos de turbulento cambio.

Visita este sitio web si deseas mantenerte informado acerca de esta serie y otros libros de la colección:

www.ciberministerio.com

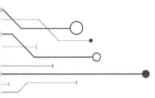

ACERCA DEL AUTOR

Soy teólogo de vocación y tecnólogo de profesión.

– VLADIMIR LUGO.

Vladimir Lugo es un asesor de tecnologías ministeriales, profesional de la informática, escritor, conferencista y ministro de vocación, que le brinda asistencia a organizaciones cristianas en la adopción de tecnologías ministeriales en línea para liberar el poder de su misión.

Como profesional de la informática cuenta con más de veinte años de experiencia. Ha desarrollado un entendimiento profundo de sistemas de información y ha ayudado a muchas instituciones a alinear el uso que estas hacen de la tecnología con sus respectivas misiones y metas estratégicas.

Como ministro de vocación, ha servido a la comunidad cristiana por más de treinta años de ministerio, entendiendo su llamado como educador y mentor. Ha adoptado tempranamente programas computarizados para el estudio de La Biblia, redes sociales, blogs y aplicaciones electrónicas para la enseñanza y el aprendizaje. Ha asistido a varios ministerios en la implementación de sistemas administrativos, de productividad y de presencia en la Internet.

Estudió Ingeniería Química en su país natal, Venezuela, y se graduó con una Maestría en Divinidad (M. Div.) del Seminario Teológico Fuller en Pasadena, California con una concentración en Estudios Transculturales.

Actualmente, trabaja a tiempo completo para la Universidad Loyola Marymount, donde está encargado de la infraestructura de software de todos los sistemas administrativos, lo cual es una manera técnica de decir que si tiene una base de datos y un servidor web, él es responsable.

Se la pasa leyendo porque considera que el lector merece lo mejor. Puedes seguir sus hábitos de lectura en la red social para lectores Goodreads:

www.goodreads.com/vladimirlugomt

Dedica tiempo para escribir sobre temas de liderazgo y el uso de la tecnología en el ministerio cristiano a través de su blog www.vladimirlugo.com. Allí podrás compartir tu correo electrónico para que recibas sus artículos: *De mi escritorio al tuyo*, donde explora semana tras semana el tema de las tecnologías ministeriales.

En estos momentos está preparando varios otros libros para publicar. Si compartes tu correo, también estarás al tanto de sus proyectos a futuro y de oportunidades para escucharle hablar en vivo.

Junto con su esposa de más de veinticinco años, Ivonne, son padres de dos hijas, Johanna y Natasha. Viven en el área de Silicon Beach, California. Le encanta correr, ciclar y nadar; y con frecuencia compite en triatlones y maratones. Ama a Dios, ama a sus mujeres, ama a la Iglesia y ama la aventura de vivir.

Revisa su perfil en LinkedIn si quieres ver su historial detallado de trabajo y servicio:

www.linkedin.com/in/vladimirlugomt/es

Está activo en las redes sociales con la identidad única *@vladimirlugomt*. Sigue la conversación en las redes sociales acerca del libro utilizando la etiqueta *#cibermadurez* y sobre las tecnologías ministeriales con la etiqueta *#tecnologiasministeriales*.

Para invitaciones a dar conferencias puedes visitar su página:

www.vladimirlugo.com/index.php/contratar/conferencias/

También le puedes contactar por correo electrónico a: vladimir@vladimirlugo.com o escaneando el siguiente código de lectura rápida:

LIMITACIÓN DE RESPONSABILIDAD

Este libro ha sido escrito para compartir información. El autor ha hecho todo lo posible para que dicha información sea fidedigna e integral, sin embargo, es posible que haya errores de tipografía o de contenido.

El propósito de este libro es el de educar. El autor y la casa publicadora no garantizan que la información contenida en este libro esté absolutamente completa y no se hará responsable por errores u omisiones.

El autor y la casa publicadora limitan su responsabilidad legal por daños y perjuicios que pudiese causar o que se alegue causar, directa o indirectamente, por el contenido de este libro.

Si tiene algún reclamo o desea hacer alguna pregunta de índole legal, por favor escríbale al autor a: legal@vladimirlugo.com.

BIBLIOGRAFÍA

Libros

Álvarez, Francisco J., *Interpretación del Modelo de Madurez de Capacidades CMM para Pequeñas Industrias de Software*, Universidad Autónoma de Aguascalientes (Aguascalientes, México: 2008).

Arndt, W., Danker, F. W., y Bauer, W., *A Greek-English lexicon of the New Testament and other early Christian literature*, 3rd ed., University of Chicago Press (Chicago, IL: 2000).

Bandler, Richard y John Grinder, *La estructura de la magia: I - Lenguaje y terapia*, traducido por Elena Olivos y otros, Editorial Cuatro Vientos (Santiago, Chile: 2008).

Buytendijk, Frank, *Performance Leadership: The Next Practices to Motivate Your People, Align Stakeholders, and Lead Your Industry*, McGraw Hill (San Francisco, CA: 2009).

Cameron, William B., *Informal Sociology: A Casual Introduction to Sociological Thinking*, Random House (New York, NY: 1963).

Carlson, Curtis R. y William W. Wilmot, *Innovation: The Five Disciplines for Creating What Customers Want*, Crown Business (New York, NY: 2006).

Davis, Don, Eugene Patronis y Pat Brown, *Sound System Engineering*, 4ta edición, Focal Press (New York, NY: 2013).

Goins, Jeff, *The Art of Work: A Proven Path to Discovering What You Were Meant to Do*, Thomas Nelson (Nashville, TN: 2015).

Heidegger, Martin, "The Question Concerning Technology," en *Basic Writings: from Being and Time (1927) to The Task of*

Thinking (1964), ed. David F. Krell, Harper & Row Publishers (San Francisco, CA: 1977).

Keener, Craig S., *Acts: An Exegetical Commentary: Volume 4, 24:1-28:31*, Baker Academic (Grand Rapids, MI: 2015).

Kerzner, Harold R., *Project Management: A Systems Approach to Planning, Scheduling and Controlling*, 11ª edición, Wiley (Hoboken, NJ: 2013).

Lugo, Vladimir, *Ciberministerio: Tecnología para el ministerio de la iglesia de hoy*, Tecnites Media, Inc. (Silicon Beach, CA: 2016).

Malphurs, Aubrey, *Advanced Strategic Planning: A 21st Century Model for Church and Ministry Leaders*, Baker Books (Grand Rapids, MI: 2013).

__, *A New Kind of Church: Understanding Models of Ministry in the 21st Century*, Baker Books (Grand Rapids, MI: 2007).

Morgan, Tony, *Developing a Theology of Planning*, Tony Morgan Live, LLC (Dallas, GA: 2013).

Nolte, William L., *Did I Ever Tell You about the Whale? Or Measuring Technology Maturity*, Information Age Publishing, Inc. (Charlotte, NC: 2008).

Paulk, Mark C., Charles V. Weber, Bill Curtis, Mary B. Chrissis, eds., y otros; *The Capability Maturity Model: Guidelines for Improving the Software Process*, Carnegie Mellon University, The Software Engineering Institute Series in Software Engineering, Addison Wesley Longman (Menlo Park, CA: 1994).

Rogers, Everett M., *Diffusion of Innovations*, 5ª edición, Free Press (New York, NY: 2003).

Ruiz Bueno, Daniel, *Padres Apostólicos*, Biblioteca de Autores Cristianos, Edición Bilingüe Completa, La Editorial Católica (Madrid, España: 1950).

Strong, James, *The New Strong's Exhaustive Concordance of the Bible,* Thomas Nelson (Nashville, TN: 1984).

Taylor, Jerome (tr. ed.), *The Didascalicon of Hugh, of Saint-Victor: A Medieval Guide to the Arts,* Columbia University Press, Reprint edition (New York, NY: 1991),

The Holy Bible: New Revised Standard Version, Thomas Nelson Publishers (Nashville, TN: 1989).

Thomson, William, "Electrical Units of Measurement," en *Popular Lectures and Addresses Vol. 1: Constitution of Matter, Nature Series,* MacMillan & Co. (New York: NY, 1889).

Yonge, C. D. with Philo of Alexandria, *The works of Philo: complete and unabridged,* Peabody (Hendrickson, MA: 1995).

Sitios web

Bible Gateway, HarperCollins Christian Publishing, [http://www.biblegateway.com], accedido por última vez el 7 de julio de 2016.

Diccionario de la Lengua Española, 23ª edición, Real Academia Española (Madrid, España: 2016) [http://rae.es/], accedido por última vez el 1 de julio de 2016.

Lugo, Vladimir, *Desafío de madurez de la tecnología,* (Los Ángeles, CA: 2015) [http://www.vladimirlugo.com/index.php/2015/10/22/desafio-de-madurez-de-la-tecnologia/], accedido por última vez el 7 de julio de 2016.

__, *Desafío estratégico de la tecnología,* (Los Ángeles, CA: 2015) [http://www.vladimirlugo.com/index.php/2015/10/15/desafio-estrategico-de-la-tecnologia/], accedido por última vez el 7 de julio de 2016.

___, *En todo caso, ¿Qué es la tecnología?*, (Los Ángeles, CA: 2016) [http://www.vladimirlugo.com/index.php/2016/02/01/que-es-la-tecnologia/], accedido por última vez el 7 de julio de 2016.

___, *¿Qué necesito para una presencia digital de impacto?* (Los Ángeles, CA: 2015) [http://www.vladimirlugo.com/index.php/2015/12/28/que-necesito-para-una-presencia-digital-de-impacto/], accedido por última vez el 7 de julio de 2016.

___, *Rodéate de muchos consejeros* (Los Ángeles, CA: 2016) [http://www.vladimirlugo.com/index.php/2016/07/01/reflexion-del-mes-rodeate-de-muchos-consejeros/], accedido por última vez el 7 de julio de 2016.

Anotaciones

Todas las traducciones del inglés fueron hechas por Vladimir Lugo.

1 Lugo, Vladimir, *Desafío estratégico de la tecnología* (Los Ángeles, CA: 2015) [http://www.vladimirlugo.com/index.php/2015/10/15/desafio-estrategico-de-la-tecnologia/], accedido por última vez el 7 de julio de 2016

2 Lugo, Vladimir, *En todo caso, ¿Qué es la tecnología?* (Los Ángeles, CA: 2016) [http://www.vladimirlugo.com/index.php/2016/02/01/que-es-la-tecnologia/], accedido por última vez el 7 de julio de 2016.

3 Hago una discusión detallada de cómo llego a este concepto de tecnología en mi libro *Ciberministerio: Tecnología para el ministerio de la iglesia de hoy*, Tecnites Media, Inc. (Silicon Beach, CA: 2016). También lo exploro en otros libros de la serie que lleva el mismo nombre.

4 Diccionario de la lengua española, 23ª ed., *Político, ca*, Real Academia Española (Madrid, España: 2014).

5 Heidegger, Martin, "The Question Concerning Technology," en *Basic Writings: from Being and Time (1927) to The Task of Thinking (1964)*, ed. David F. Krell, Harper & Row Publishers (San Francisco, CA: 1977), p. 288.

6 Lugo, *Ciberministerio*, Op. Cit.

7 Davis, Don, Eugene Patronis and Pat Brown, *Sound System Engineering*, 4ta edición, Focal Press (New York, NY: 2013), p.180.

8 Nolte, William L., *Did I Ever Tell You about the Whale? Or Measuring Technology Maturity*, Information Age Publishing, Inc. (Charlotte, NC: 2008), pp. 20-25. El título del libro se debe al hecho de que el crecimiento tecnológico es lento en sus inicios, pasa a una etapa de crecimiento acelerado, luego se estabiliza y finalmente decrece abruptamente, formando una curva que se asemeja a una ballena.

9 Paulk, Mark C., Charles V. Weber, Bill Curtis, Mary B. Chrissis, eds., y otros; *The Capability Maturity Model: Guidelines for Improving*

the Software Process, Carnegie Mellon University, The Software Engineering Institute Series in Software Engineering, Addison Wesley Longman (Menlo Park, CA: 1994), p. 9.

[10] Rogers, Everett M., *Diffusion of Innovations*, Fifth Edition, Free Press (New York, NY: 2003), p. 138.

[11] Taylor, Jerome (tr. ed.), *The Didascalicon of Hugh of Saint Victor: A Medieval Guide to the Arts*, Columbia University Press; Reprint edition (New York, NY: 1991), p. 56. Literalmente dice: "La ingeniosa necesidad es madre de todas las artes." Sin embargo, Hugo se refiere a lo que en la Edad Media se conocía como artes prácticas y en nuestros días se conoce como tecnología.

[12] Goins, Jeff, *The Art of Work: A Proven Path to Discovering What You Were Meant to Do*, Thomas Nelson (Nashville, TN: 2015), p. XXV.

[13] *Ibíd.*, p. 195.

[14] Nolte, *Op. Cit.*, pp 119-120.

[15] Bandler, Richard & John Grinder, *Estructura de la magia: I – Lenguaje y terapia*, traducido por Elena Olivos y otros, Editorial Cuatro Vientos (Santiago, Chile: 2008), p. 27.

[16] Carlson, Curtis R. y William W. Wilmot, *Innovation: The Five Disciplines for Creating What Customers Want*, Crown Business (New York, NY: 2006), p. 40.

[17] Lo digital se refiere al uso de aparatos electrónicos que basan el procesamiento de la información en dos dígitos (1/0), los cuales concuerdan con el mundo físico en el encendido (1) y apagado (0) de una corriente eléctrica. La cultura digital establece las relaciones interpersonales en términos de estos medios electrónicos. La cultura análoga o analógica es menos mediada. Prefiere la comunicación cara a cara y tradicional.

[18] Morgan, Tony, *Developing a Theology of Planning*, Tony Morgan Live, LLC (Dallas, GA: 2013), Kindle loc. 207.

[19] Arndt, W., Danker, F. W., & Bauer, W., *A Greek-English lexicon of the New Testament and other early Christian literature*, 3rd ed., University of Chicago Press (Chicago, IL: 2000), pp. 573–574. Kybernétes. Para una discusión más a fondo, se puede revisar Keener, Craig S., *Acts: An Exegetical Commentary: Volume 4, 24:1-28:31*, Baker Academic (Grand Rapids, MI: 2015), Hechos 27:11.

[20] Arndt, et. Al., *Ibíd.*

[21] Yonge, C. D. with Philo of Alexandria, *The works of Philo: complete and unabridged*, Peabody (Hendrickson, MA: 1995), p. 259.

²² Ruiz Bueno, Daniel, ed., *Padres Apostólicos*, Biblioteca de Autores Cristianos, Edición Bilingüe Completa, La Editorial Católica (Madrid, España: 1950), p. 686.

²³ *The Holy Bible: New Revised Standard Version*, Thomas Nelson Publishers, (Nashville, TN: 1989), 4 Macabeos 7:1.

²⁴ Diccionario de la lengua española, 23ª ed., *Cibernético, ca*, Real Academia Española (Madrid, España: 2014).

²⁵ Buytendijk, Frank, *Performance Leadership: The Next Practices to Motivate Your People, Align Stakeholders, and Lead Your Industry*, McGraw Hill (San Francisco, CA: 2009), p. 34.

²⁶ En Hechos 6:1-2 se narra cómo los apóstoles tuvieron que escoger a personas que se encargasen del servicio a los demás para poderse dedicar al ministerio de la palabra. Éxodo 18, pasaje que estudio en detalle en el **Capítulo 10** narra una experiencia similar cuando Moisés tuvo que delegar áreas de trabajo ministerial a otros consejeros para él atender los casos más difíciles.

²⁷ Thomson, William, "Electrical Units of Measurement," en *Popular Lectures and Addresses Vol. 1: Constitution of Matter*, Nature Series, MacMillan and Co. (New York: NY, 1889) p. 73.

²⁸ Cameron, William B., *Informal Sociology: A Casual Introduction to Sociological Thinking*, Random House (New York, NY: 1963), p. 13.

²⁹ Lugo, Vladimir, *¿Qué necesito para una presencia digital de impacto?* (Los Ángeles, CA: 2015) [http://www.vladimirlugo.com/index.php/2015/12/28/que-necesito-para-una-presencia-digital-de-impacto/], accedido por última vez el 7 de julio de 2016.

³⁰ Lugo, Vladimir, *Rodéate de muchos consejeros* (Los Ángeles, CA: 2016) [http://www.vladimirlugo.com/index.php/2016/07/01/reflexion-del-mes-rodeate-de-muchos-consejeros/], accedido por última vez el 7 de julio de 2016.

³¹ Malphurs, Aubrey, *A New Kind of Church: Understanding Models of Ministry in the 21st Century*, Baker Books (Grand Rapids, MI: 2007), pp. 188-189.